Franck Goddio: Weisses Gold

Franck Goddio

Versunken · Entdeckt · Geborgen WEISSES GOLD

Steidl

Dieses Buch entstand in Zusammenarbeit mit
dem Nationalmuseum der Philippinen in Manila

anläßlich der Ausstellung »Weisses Gold«
in der neuen Zentrale der Commerzbank
in Frankfurt am Main

Verlag und Autor danken dem Nationalmuseum der Philippinen für die Abbildungsrechte an den gezeigten Artefakten

1. Auflage September 1997

Konzeption: Dirk Reinartz, Christian Tröster,
Gerhard Steidl
Gestaltung: Dirk Reinartz
Scans: Gert Schwab,
Steidl, Schwab Scantechnik GbR, Göttingen
Druck: Steidl, Göttingen
ISBN 3-88243-537-2

Fotos: Dirk Reinartz
Redaktion: Christian Tröster

Fotos S. 18-27: Frédéric Osada
Fotos S. 16/17: Bourseiller/Figaro Magazine

Übersetzung der Texte von
Jean-Paul Desroches und Monique Crick
aus dem Französischen
von Jutta Georgine Wittmann

An der Realisierung des Projektes »Weisses Gold« haben mitgewirkt:

Orlando V. Abinion
Rodolfo M. Agnacin
Larry A. Alba
Jane Marie Alvarez
Mauro T. Alvarez
Roberto A. Balarbar
Cécile Bernardo
Eduardo D. Bersamira
Fr. Gabriel S. Casal
Norma R. Checa
Stuart Clough
Rafael E. Concepcion
Eduardo T. Conese
Monique Crick
Maharlika A. Cuevas
Tatiana Curchod
Jean-Paul Desroches
Dr. Eusebio Z. Dizon
Marie France Dupoizat
Arturo Dy
Jessica Escultura
Willie E. Estonanto
Ernesto P. Firme
Efren G. Flores
Gilbert Fournier
Cesare Giovannoni
Michael Hilti
Dieter A. Irion
Clyde B. Jago-on
Jack W. Kelley
Martin Kohlhaussen
Alex Lendi
Leonardo Leonio
Robert Lorton
Rodolfo R. Magna
Alexandra Maier
Antonio Malones Jr.
Christine Martin
Frederick Mayer
Hubert Micheluzzi
Martin Mövius
Chan Bun Pen
Dr. Jesus T. Peralta
Dante C. Posadas
Cuno Puempin
Wilfredo P. Ronquillo
Edwin J. dela Rosa
Georg F. Rosenbauer
Cecilio G. Salcedo
Jose G. Santiago
Rey A. Santiago
Hans Saxer
Ray Siegfried
Fred Tiedemann
Ricardo T. Veloso
die Botschaftsangehörigen
und Kulturkonsulare
der Französischen Botschaft

Inhalt

Vorwort

Vor 127 Jahren wurde die Commerzbank von Hamburger Kaufleuten gegründet, um den damals aufblühenden Handel weltweit finanziell zu begleiten. So hatte die Bank von Anfang an eine internationale Ausrichtung. Die heutige Globalisierung der Märkte ist der vorläufige Höhepunkt der damals begonnenen Entwicklung.

Natürlich ist der Welthandel keine Erfindung der Neuzeit. Schon vor vielen Jahrhunderten stand er in den verschiedensten Kulturen in hoher Blüte.

An der Schwelle zum dritten Jahrtausend ist es sicherlich richtig, auch einmal auf herausragende Leistungen vergangener Kulturen zu schauen, um daraus Motivation für die Bewältigung eigener Aufgaben zu ziehen.

Vor knapp zwei Jahren wurden wir auf die spektakulären Forschungsarbeiten von Franck Goddio und seinem Team aufmerksam. Die Arbeit der engagierten Meeresarchäologen hat neue Erkenntnisse über das Ausmaß des chinesischen Welthandels gebracht. Wir wissen nun, daß die Länder Südostasiens bereits im 11. Jahrhundert ausgiebig Seehandel trieben – Jahre vor den Europäern. Bis in das 15. Jahrhundert exportierte das Reich der Mitte seine Handelsware sogar an die weit entfernte afrikanische Ostküste.

Die von den Forschern entdeckten fünf Dschunken enthielten überwiegend das begehrte »Weiße Gold« – Gebrauchsgegenstände aus Porzellan. Sie sind einzigartige Beweise hochwertigen handwerklichen und künstlerischen Schaffens.

So entstand die Idee, anläßlich der Fertigstellung unserer neuen Zentrale in Frankfurt am Main, die für uns Symbol für den Aufbruch in das nächste Jahrtausend ist, diese einmaligen Zeugen der Leistungsfähigkeit früherer Kulturen einer breiten Öffentlichkeit zugänglich zu machen.

Die Präsentation des »Weißen Goldes« verbindet die Einmaligkeit des Porzellans mit der Faszination ihrer Bergung in der ostasiatischen Unterwasserwelt.

Martin Kohlhaussen
Sprecher des Vorstands der Commerzbank AG
Frankfurt am Main, August 1997

Der Katamaran »Kaimiloa« wurde speziell für die Bedürfnisse der Unterwasserarchäologie konstruiert. Er ist nicht nur wendig und hochseetauglich, sondern auch antimagnetisch. Er bietet Platz für 12 Mann und zwei Tonnen elektronisches Equipment.

Die Arbeit unter Wasser findet oft im Scheinwerferlicht statt. Größere Schiffe helfen, die Funde zu bergen.

Kleine U-Boote sind inzwischen eine wichtige Hilfe geworden. Zwar kann man von ihnen aus keine Ausgrabungen durchführen, aber sie ermöglichen eine schnelle Verbindung ohne lange Dekompressionszeiten.

Harte Verkrustungen aus Muschelkalk und Korallen lassen sich nur mit dem Hammer aufbrechen. Um dabei trotzdem kein Porzellan zu beschädigen, wurde bei zwei der Wracks eine neue Technik angewandt: Die Taucher gruben etwas abseits einen Schacht und arbeiteten sich von dort seitlich an die Funde heran.

Wie bei der Archäologie an Land werden die Grabungsstätten exakt vermessen und gekennzeichnet. Nicht nur die Objekte selbst sondern auch deren Fundort können Aufschluß geben über historische Geschehnisse

Die ineinandergestapelten Schalen verweisen auf die rationale Verpackungs- und Transporttechnik auf den historischen Dschunken. Kisten und Polstermaterial sind inzwischen verrottet.

Mit einer Art Staubsauger kann lockerer Sand abgetragen werden. Die Pumpe steht auf einer Arbeitsplattform. Am Ausgang des Schlauches befindet sich ein Sieb, so daß auch kleine Teile nicht verlorengehen.

Gebrauchsporzellan wurde in großen Mengen hergestellt. Dennoch gleicht es einem Wunder, ein Objekt in den Händen zu halten, daß seit Hunderten von Jahren kein Mensch mehr gesehen hat.

Das Schiffswrack zeichnet sich noch unter den Korallen ab. Es wird von der Schicht befreit, um die Schätze aus Porzellan zu heben

Auch wenn der Stolz des Teams eher den Paradestücken gilt; jede Scherbe wird im Ausgrabungsbuch registriert und beschrieben.

Franck Goddio

Weisses Gold

Die Schätze der Geschichte und wie man sie findet

Ursprünglich hatten die fünf Dschunken, von denen dieses Buch handelt, nicht viel miteinander gemeinsam. Im Abstand von etlichen hundert Jahren versanken sie in der südchinesischen See: das erste im 11. Jahrhundert unserer Zeitrechnung, das letzte gegen Ende des 16. Jahrhunderts. Im Gegensatz aber zu vielen anderen verunglückten Schiffen war die Geschichte dieser Dschunken damit nicht beendet. Nachdem sie jahrhundertelang auf dem Meeresboden geruht hatten, konnte ich die Wracks für die Nachwelt sichern.

Es mag den Seeleuten, die damals ums Leben kamen, kein Trost sein, daß die Geschichte ihrer Schiffe noch eine Fortsetzung haben würde. Doch bedenkt man, wieviel Aufwand die Mächtigen jeder Epoche für ihr Weiterleben nach dem Tod betrieben, so mag man den unbekannten Seeleuten ihr unverhofftes Nachleben gönnen. Die fünf Dschunken jedenfalls, oder das, was von ihnen übrigblieb, dienen heute als unvergleichliche und lebendige Quellen zur Geschichte Südostasiens. Sie berichten vom Alltag, der Technik und dem Handel in früherer Zeit.

Zwar verfügen die Historiker über einiges Material aus jenen Jahrhunderten: geschriebene Texte, Überlieferungen, wie etwa die von Marco Polo, oder archäologische Funde. Doch im Unterschied zu Ausgrabungen an Land, wo sich Historie Schicht für Schicht ablagert und oft miteinander vermischt, bieten Wracks entscheidende Vorteile: Nichts konnte nach dem Untergang mehr hinzukommen. Die Fundstücke vom Meeresgrund zeugen von einem präzisen Moment der Geschichte.

Eine Schale oder Vase in den Händen zu halten, die seit bald tausend Jahren kein Mensch mehr gesehen hat, ist wie ein kleines Wunder: Die Zeit scheint stehengeblieben. Und einem Wunder gleicht es auch, daß wir die historischen Artefakte heute als schön empfinden – genauso wie vermutlich die Menschen damals. Die Gesetze von Harmonie und Proportion, sie scheinen den Sprung über die Jahrhunderte und Kulturen ganz mühelos zu schaffen.

Und noch in etwas anderem korrespondieren diese zarten Objekte aus Porzellan mit der Gegenwart: Ihre Existenz zeugt von dem Willen, die Grenzen des eigenen Horizonts zu erkunden und sich auf die Weiten des Meeres hinauszuwagen. Daß die Dschunken nun wiedergefunden wurden, verdanken sie vielleicht einem ähnlichen Antrieb. So wie die korallenüberwachsenen Vasen, Gongs oder Teller von längst vergangenem Leben erzählen, so spiegelt die Suche nach ihnen die Herausforderungen der Gegenwart.

Von dem Abenteuer dieser Suche soll in dem folgenden Bericht die

Rede sein. Der Bogen spannt sich dabei zwischen Schiffahrtsarchiven in Europa und den Legenden philippinischer Fischer, zwischen Zufallsfunden und High-Tech-Forschung, zwischen Piraten und Seestürmen.

Wie aus einem Manager ein Archäologe wird

Vielleicht träumt mancher Junge von Seefahrerei und versunkenen Schätzen. In meinen Sehnsüchten aber, die mich schon als Zehn- oder Zwölfjähriger beschäftigten, hatten solche Träume einen Namen: Éric de Bisschop – mein Großvater. Er war Seefahrer und Forscher und seine Lebensgeschichte steckte voller Herausforderungen, Gefahren und Erfolge. Éric, der Zeit seines Lebens nicht schwimmen lernte, lief mit 16 von zu Hause fort, um auf einem Viermaster anzuheuern. Auf seiner ersten Fahrt umrundete er Kap Hoorn, erklomm dabei die höchsten Rahen und rieb sich an vereisten Segeln die Hände blutig. Später arbeitete er sich bis zum Kapitänleutnant hoch, ging im ersten Weltkrieg zu den Marinefliegern und stürzte dort mit einem Doppeldecker ins Mittelmeer. Doch solche Unglücksfälle hinderten ihn nie, ein weiteres Abenteuer zu wagen. Einige Jahre später erlitt er mit einem Dreimaster an der afrikanischen Küste Schiffbruch. 1932, inzwischen in China angekommen, lief er mit seiner Dschunke im Norden Formosas auf einen felsigen Küstenstreifen, wo sein Boot von Piraten geplündert wurde. Ein weiteres Boot verlor er an der Küste einer Leprakolonie.
Éric hielt sich in Südostasien auf, um die verschiedenen Meeresströmungen zu erkunden und die Migration der ozeanischen Völker zu erforschen. Dabei betätigte er sich auch als Schiffskonstrukteur. 1936 baute er in Polynesien, am Strand und unter Palmen, eine Segelpiroge mit zwei Rümpfen – es war der erste Katamaran der Moderne. Er nannte das Boot Kaimiloa, was in der Sprache der Maori »Jenseits der fernen Horizonte« bedeutet, und segelte damit von Honolulu nach Cannes. Später lebte er wieder auf Tahiti und Rurutu, wo er seine Forschungen weitertrieb. Er vertrat die Ansicht, daß Polynesien nicht von Südamerika her besiedelt, sondern umgekehrt, Südamerika von Osten her mit Booten erreicht worden war. Damit stand er in deutlichem Widerspruch zu Thor Heyerdal, der mit der Kon Tiki von Peru nach Polynesien gesegelt war, um den historischen Beweis zu erbringen. Mit seinem Floß Tahiti Nui II trat mein Großvater den Gegenbeweis an. Er schaffte die schwierige Passage in fünf Monaten und zwölf Tagen. Auf dem Rückweg, viereinhalb Monate nachdem er im peruanischen Hafen Callao abgelegt hatte, zerschellte sein Floß an einem Riff, und mein Großvater starb. Das war am 30. August 1958.
Irgend etwas von Erics unglaublicher Abenteuerlust muß auch in meinen Genen gelandet sein – wenn auch in abgemilderter Form. Meinem Interesse für Geschichte gab ich nach der Schule jedenfalls nicht sogleich nach – obwohl ich dort als Junge sogar von Jacques LeGoff, dem später berühmten Historiker, unterrichtet worden war. Ich entschloß mich, Mathematik und Ökonomie zu studieren. Danach aber

zog es mich in die Ferne. Mein erster Job, da war ich 24 und kam frisch von der Universität, war ein Auftrag von UN und französischem Außenministerium in Vietnam. Dort sollte ich als Berater für Entwicklungshilfeprojekte arbeiten, doch davon konnte in Saigon 1971, zur Zeit des Vietnamkrieges, keine Rede sein. Es herrschte nur Chaos und Wahn. Anschließend ging ich als Finanz- und Wirtschaftsberater nach Laos – insgesamt blieb ich mehr als drei Jahre in Asien, bis nach dem Fall von Saigon. Als ich nach Paris zurückkehrte, war mir klar, daß ich niemals in einem der dortigen Büros mein Leben fristen könnte. Dankbar nahm ich daher ein Angebot aus Saudi-Arabien an. Dort baute ich den »Saudi-Fonds für Entwicklunghilfe« mit auf und koordinierte die verschiedenen Darlehensabkommen und technischen Vereinbarungen für Projekte wie Straßen, Staudämme, Schulen, Krankenhäuser. Es waren insgesamt 237 Infrastrukturprojekte, vor allem in Afrika, die Saudi-Arabien damals finanzierte.
In mehrerer Hinsicht war die Arbeit bei den Saudis der Beginn für mein eigenes Abenteuer – der Unterwasserarchäologie. Ich verdiente Geld und wurde finanziell so unabhängig, daß ich später den Start meiner Organisation ganz allein finanzieren konnte. Ich lernte, auch große und komplexe Vorhaben zu organisieren und finanziell abzuwickeln, und war ständig in Verhandlungen mit allen möglichen staatlichen Stellen bis hin zu Ministern und Staatsoberhäuptern. All das war später Voraussetzung für den Erfolg meines Projektes. Zudem fiel mir auf, wie wenig sich die Regierungen, selbst von Ländern mit tausend Kilometer langer Küstenlinie, um das Meer kümmerten. Fast alle Projekte, die wir förderten, befanden sich an Land.
Um so erfreuter war ich, als ich Jacques Dumas kennenlernte. Dumas war Rechtsanwalt und Mitbegründer des Französischen Verbandes für Meeresforschung und Unterwassersport. Er hatte schon mit Jacques Cousteau zusammengearbeitet und tauchte nun vor Ägypten nach den Resten von Bonapartes Flotte. Ich besuchte ihn auf seinem Schiff – und war sofort fasziniert von der Möglichkeit, unter Wasser die Spuren der Geschichte zu entdecken. Jacques Dumas war es auch, der mich auf meine erste archäologische Tauchtour mitnahm. Völlig ungeübt, aber mit großen Augen, umschwamm ich damals die Überreste von Bonapartes Flaggschiff »Orient«, das von Admiral Nelson vor Abukir versenkt worden war. An dem elf Meter langen Ruder wischte ich Meeresstaub von den bronzenen Beschlägen und entdeckte etwas, das allen Spezialisten zuvor entgangen war. »Dauphin Royal« stand dort eingraviert. Wieder oben berichtete ich Dumas davon. Der gratulierte mir und sagte: »Bravo, mein Alter, das war der Name des Schiffes vor der Revolution. Sie sind wie dazu geschaffen, um unter Wasser Entdeckungen zu machen.«
1984 entschloß ich mich, die wissenschaftliche Schatzsuche zu meinem Hauptberuf zu machen.
Ich wußte von Dumas und von Gesprächen mit den wenigen Unterwasserarchäologen, die es damals gab, daß auf dem Meeresboden eine

Reihe interessanter Wracks zu finden sein müßten. Ich wußte aber auch, daß zahlreiche Regierungen, nicht nur die von Entwicklungsländern, nie die Mittel aufbringen würden, um diese historischen Schätze zu bergen. Es wäre für sie zu teuer, einen technischen, organisatorischen und wissenschaftlichen Apparat aufzubauen – nur um ihn nach dem Bergen von ein oder zwei Schiffen wieder aufzulösen. Was lag also näher, als eine professionelle Organisation zu schaffen, die in Zusammenarbeit mit verschiedenen Staaten und deren Wissenschaftlern unterseeische Zeugnisse der Geschichte sichern und auswerten würde?

Die nächste Frage war: Was macht die Konkurrenz? Könnte so ein ehrgeiziges Unternehmen, wie ich es plante, überhaupt bestehen? Doch eine »Marktforschung« auf dem Gebiet der Bergungsunternehmen, Schatzsucher und Unterwasserarchäologen gab mir schnell Sicherheit. Nur wenige Staaten, etwa Frankreich, Italien, Norwegen und Holland, unterhielten staatliche Institute für Unterwasserarchäologie. Auch einige Universitäten in den USA kümmerten sich darum. Dann gab es Vereinigungen, die zur Bergung eines einzelnen Wracks gegründet wurden, und die sich danach wieder auflösten.

Doch ich stellte auch fest: Bei weitem die meisten Personen, Gruppen und Firmen, die sich auf diesem Gebiet betätigen, sind nicht an Geschichte, sondern an Geld interessiert. Wissenschaftliche Grabungen sind sehr zeitaufwendig. Wenn aber profitorientierte Schatzsucher ein Wrack gefunden haben, plündern sie es aus und zerstreuen Gegenstände in alle Welt. Die Methoden sind teilweise barbarisch. Zwei unserer Dschunken zum Beispiel waren zuvor von Räubern besucht worden. Bei einer hatten sie einfach Sprengstoff ins Wasser geworfen, um am Meeresgrund das Unterste zuoberst zu kehren. Sie dachten wohl, daß Gold oder Edelsteine dadurch nach oben gebracht würden. Von dem Porzellan, das dort lag, blieb natürlich nicht viel übrig. Nur die tief unter Korallen verborgenen Objekte blieben erhalten. Das ist der brutalste aller Fälle, der mir begegnet ist. Aber auch andere Schatzsucher scheren sich wenig um die historische Botschaft ihrer Funde.

An Land wäre das Zerstören und auch die Mitnahme von archäologischem Material in jedem Fall illegal, auf dem Meer jedoch gibt es sehr unterschiedliche Regelungen. Befindet sich ein Wrack in internationalen Gewässern, kann der Finder es einfach behalten. Liegt es jedoch in Hoheitsgewässern, vereinbaren meist der entsprechende Staat und der Schatzsucher, die Funde zu teilen. Das heißt, die Suche ist zwar legal – man verzichtet aber auf eine historische Auswertung. Natürlich gibt es von dieser Regel Ausnahmen. Einige der Tauchkompanien, wie die des inzwischen verstorbenen Dumas oder die von William Mathers, leisten sehr gute Arbeit auch aus archäologischer Sicht.

Das Ergebnis meiner Analyse war also, daß es eine Chance für professionelle und unabhängige Unterwasserarchäologie gab, und daß man den Regierungen Knowhow und Arbeit sogar kostengünstiger liefern könnte, als wenn diese selbst Strukturen aufbauen würden. Aber so schlüssig dieses Konzept, so sicher schien mir auch, daß niemand mir dafür einen Centime anvertrauen würde. Schließlich hatte ich noch nie ein Wrack entdeckt und noch keine Scherbe vom Meeresboden nach oben gebracht. Ich mußte also meine Fähigkeiten erst beweisen und so entschloß ich mich, ein oder zwei Wracks auf eigene Kosten zu heben.

Die Geschichte der Royal-Captain-Dschunke

Mein erstes Objekt sollte das englische Handelsschiff »Royal Captain« sein. Da ich über sehr genaues Archivmaterial von deren Untergang verfügte, hoffte ich, sie binnen drei Monaten zu finden und auszugraben. Tatsächlich dauerte es zwölf Jahre, bis ich die Royal Captain fand. Meine Expedition ins südchinesische Meer im Jahr 1985 kann dennoch als Erfolg bezeichnet werden – auch wenn sie völlig andere Resultate brachte, als erwartet.

Den Hinweis auf die Royal Captain gab mir 1984 der Archivar Patrick Lizé. Er beschäftigt sich seit langem mit Seefahrtsgeschichte und war dabei auf das Logbuch des englischen Schiffes gestoßen. Ein ganzes Jahr war dann mit weiteren Recherchen vergangen, ehe wir es wagten, unsere Expedition zu starten.

Die Royal Captain gehörte der Englischen Ostindischen-Companie und war, beladen mit 100 000 Stück Porzellan, auf dem Weg von Kanton nach London auf ein Riff gelaufen. Das liegt etwa 90 Kilometer vor der philippinischen Insel Palawan und wird seit dem Unglück Royal-Captain-Riff genannt. Das Logbuch war entsprechend der damaligen Schifffahrtsregeln gerettet worden, zusammen mit der beförderten Post und dem Schatz der Companie, also an Bord befindlichen Zahlungsmitteln und Wertgegenstanden.

Wenn man das Buch durchblättert, sieht man, wie der Erste Maat James Quicke routinemäßig die Positionsangaben, Richtungsänderungen und Wetterbedingungen notiert. Dann, am 17. Dezember 1773 um zwei Uhr morgens, lief das Schiff auf ein Riff. Danach wird die Schrift des Maates immer hektischer. Sie berichtet von Rettungsversuchen, die sich über fast 24 Stunden hinzogen. Man ließ Anker ins Wasser und hißte Segel, warf Kanonen über Bord, um den Tiefgang zu verringern, versuchte das Schiff mit Ruderbooten freizuziehen – nichts half. Schließlich gab der Kapitän das Schiff auf. Die Mannschaft ging in die Boote und ruderte nach Balambangan, wo die Engländer eine Handelsniederlassung betrieben. Nur drei Matrosen blieben an Bord zurück. Sie waren total betrunken, randalierten und weigerten sich, das Schiff zu verlassen. Ihre Namen waren William Alexander, David Gowarns und John Mathews. Als die Mannschaft am nächsten Tag, begleitet von Hilfskräften aus der Niederlassung, zurückkehrte, war die Royal Captain verschwunden.

Die Frage, die mich 200 Jahre später beschäftigen sollte, nämlich wo genau das Wrack liegt, war nicht so eindeutig festzulegen, wie die

Geschehnisse bis dahin. Sank das Schiff an der Kante des Riffs, wo es aufgelaufen war, oder war es vorher noch abgetrieben worden? Ich war der Meinung, daß die erste Möglichkeit wahrscheinlicher war: Erstens wissen wir aus dem Logbuch, daß der Wind sich nicht geändert hatte und das Schiff gegen das Riff gedrückt haben mußte. Und zweitens trieb, wie ich später feststellte, die Strömung in die gleiche Richtung.

Doch bevor ich mich zum Riff aufmachte, mußten allerhand Vorbereitungen getroffen werden. Ich besorgte mir die Bescheinigungen von philippinischen Behörden, etwa von der Regionalverwaltung der Insel Palawan oder der Küstenwache. Vor allem aber nahm ich Kontakt auf zum Philippinischen Nationalmuseum in Manila, das sämtliche archäologischen Ausgrabungen im Land koordiniert und auch uns wissenschaftlich begleitet. Das gemeinsame Interesse an der Geschichte sorgte dafür, daß aus den ersten Kontakten mit dem Direktor Gabriel Casal, dem Chefarchäologen Willy Ronquillo und dem Leiter der Unterwasserabteilung Bong Dizon eine freundschaftliche und kontinuierliche Zusammenarbeit wurde. Wir vereinbarten, und das sollte auch für alle späteren Projekte gelten, daß die historisch wertvollsten und einmaligen Funde stets in die Sammlung des Museums übergehen. Andere bekommen wir – als eine Art Finderlohn für unsere Arbeit.

Schließlich, um zur Royal Captain zurückzukehren, heuerte ich Taucher an, die mir Jacques Dumas empfohlen hatte, und mietete in Singapur eine zweimastige Jacht samt Mannschaft. Das Boot hieß »Four Friends«. Sie gehörte Warren Blake, einem sehr tüchtigen Seefahrer und Gentleman, der mich an Figuren aus Joseph Conrads Romanen erinnerte.

Als wir schließlich in See stachen, waren wir ein Dutzend Mann an Bord, darunter zwei bewaffnete Männer der Küstenwache, die uns vor Piraten schützen sollten. Die Gewässer galten damals als besonders unsicher, weil viele Räuber von den vietnamesischen Boat People angelockt wurden. Sie erhofften sich von den Flüchtlingen leichte Beute und machten auch für andere das Meer unsicher.

Am 8. April 1985 gingen wir in der Nähe des Riffs vor Anker. Unser Ausgrabungsort sieht unspektakulär aus, ist aber, wie wir wissen, äußerst gefährlich. Die See ist an dieser Stelle 2 000 Meter tief – aber trotzdem lauert direkt unter der Oberfläche das Riff. Bei Flut sieht man davon vor allem die Brandung, die sich an den Korallenbänken bricht. Nur bei Ebbe ragen die Riffs heraus, so daß der Ring eines Atolls erkennbar wird. Dann kommen auch drei Felsen zum Vorschein. Weil ich das Gebiet neu vermaß und kartografierte, war ich berechtigt, ihnen, die bis dahin auf keiner Karte verzeichnet waren, Namen zu geben. Ich taufte sie nach den drei Matrosen, die hier im Jahr 1773 ihr Leben gelassen hatten. Die Trunkenbolde William Alexander, David Gowarns und John Mathews sind jetzt auf ewig in den Seekarten verzeichnet.

Nach der Vermessung des Atolls begannen wir mit der Suche, vom vermuteten Unglücksort Richtung Norden. Wir fanden einige moderne Wracks, die ebenfalls auf Grund gelaufen waren. Und schon nach kurzem stießen wir, in 52 Metern Tiefe, auf einen Anker. Es war tatsächlich der Anker der Royal Captain, genau dort, wo er laut Logbuch ins Meer gelassen worden war.

Das Schiff selber aber fanden wir nicht. Wir tauchten am Riff, das an dieser Stelle steil wie ein Abhang ist, erst 60, 70, schließlich 80 Meter tief – ohne Erfolg. Entweder mußte das Schiff noch tiefer gerutscht sein und damit für uns unerreichbar, oder es wurde vor seinem Untergang doch noch vom Wind fortgetrieben. Obwohl unsere Tauchgänge kein Ergebnis gebracht hatten, folgten wir noch einem anderen Hinweis. Weiter oben, in nur drei Metern Tiefe, hatte unser Magnetometer ganz kleine Abweichungen vom normalen Erdmagnetismus angezeigt.

Zwischen tausend bunten Fischen und beäugt von Delphinen suchten wir nun die Spalten des Riffs ab. Wir fanden schließlich einen Haufen Eisenbarren. Durch Korrosion waren die Stücke völlig miteinander verschmolzen. Daneben entdeckten wir ein paar Porzellanscherben und eine Metallscheibe, die in einer Spalte steckte – sie entpuppte sich später als bronzener Gong.

Erste Analysen ergaben, daß die Funde vom Ende des 16. Jahrhunderts stammten. Hatte die Royal Captain Antiquitäten an Bord gehabt? Porzellan, das damals schon 200 Jahre alt war? Als wir eine Reihe von Scherben beieinander hatten, die alle auf etwa das Jahr 1585 datiert werden konnten, wußten wir, daß es sich um ein anderes Schiff handeln mußte – eine chinesische Dschunke aus der Ming-Zeit. Sie war genau an der gleichen Stelle gescheitert wie 200 Jahre später die Royal Captain. Wir nannten sie Royal-Captain-Dschunke. Und da Spuren aus der Ming-Zeit für die philippinischen Archäologen viel interessanter sind als solche aus dem 18. Jahrhundert, beschlossen wir, die Suche nach dem englischen Schiff abzubrechen und die Reste dieser Dschunke freizulegen. Es war meine erste archäologische Grabung.

Die Dschunke war nach ihrem Untergang zunächst in eine Spalte gerutscht. Die hatte sich durch die Strömung langsam mit Sand gefüllt und war dann von einer meterdicken und sehr harten Schicht von Korallen überwuchert worden. Ein guter Schutz für die archäologischen Funde, wie wir später feststellten, zunächst aber ein unangenehmes Hindernis. Wenn man die Korallen nämlich von oben durchstieß, bestand die Gefahr, daß man damit zugleich das Porzellan beschädigte – man konnte ja dabei nicht sehen, wo die Korallen aufhörten und das Porzellan begann. So überlegten wir uns eine Methode, die in der Unterwasserarchäologie noch nie zuvor angewandt worden war: Wir brachen ein Stück weit entfernt, dort, wo wir keine Funde mehr erwarteten, ein Loch in die Korallen und arbeiteten uns von hier aus seitlich an die Fundstelle heran. Dabei spülten wir einfach den Sand unter den Korallen heraus. Die Taucher krochen dann in diesen kurzen Stollen hinein und lösten, liegend, das Porzellan von dessen Decke. Da wir nicht wollten, daß die Stollen zu lang würden, brachen wir die Korallen an den Stellen ab, an denen wir die Ladung gesichert hatten, und begannen mit dem nächsten Stück. Wie sich dabei herausstellte, war die Dschunke bei dem Unglück zerbrochen und hatte ihre Ladung auf den Meeresgrund geschüttet. Die Strömung hatte dann die Teile über das Riff verstreut.

Die Ausgrabungen zogen sich über Wochen hin. Mit einer motorgetriebenen Banca brachten wir die Funde nach Quezon, einer kleinen Stadt auf der Insel Palawan. Das Philippinische Nationalmuseum betreibt dort, in einem kleinen Holzhaus, eine Außenstelle. Hier wurden die Artefakte gereinigt und gelagert. Von Quezon versorgten wir uns auch mit Lebensmitteln und Wasser. Der Alltag an Bord verlief meist ruhig. Nur gelegentlich tauchten Piraten auf, oder solche, die wir dafür hielten. Man kann ja vorher nicht mit Sicherheit sagen, was die Besatzung solcher Boote im Schilde führt. Unheimlich waren uns immer jene, die uns umkreisten, sich wieder entfernten und wieder näher kamen. Wir schickten dann unsere Wachleute los, um zu signalisieren, daß wir nicht schutzlos waren. Die Männer auf den Booten gaben sich meist als Muschelfischer aus und verschwanden anschließend. Ernsthafte Zwischenfälle gab es dank unserer Bewachung nicht. Dafür interessierten sich einige der Piraten unter ganz anderen Aspekten für unsere Funde. Einer, mit dem die Wachleute sprachen, war ganz erstaunt zu hören, daß wir nach Porzellan suchten. Sein Großvater hätte früher am Riff geangelt, erzählte er, seinen Enkel dann aber gewarnt, dort hinzugehen. Das Riff sei ein heiliger Ort. Die Götter hätten dort einst ein Festmahl gehalten und nach der Feier ihre Teller ins Meer geworfen. Entsprechend neugierig waren die Männer nun, unsere Porzellanfunde zu sehen.

Mehrfach mußte ich auch mit dem Versorgungsboot die 120 Kilometer nach Quezon fahren, meist um Treibstoff und frische Lebensmittel zu besorgen. Wir starteten dazu bei Sonnenaufgang, so daß am Abend genug Zeit blieb, die »Four Friends« zu erreichen. Wir kreisten dazu in dem entsprechenden Gebiet, bis wir die Jacht gefunden hatten, und konnten meist noch vor Sonnenuntergang an Bord gehen. Nur einmal wurde es schwierig. An diesem Tag war es böig und die kleine Banca kämpfte sich mühsam durch die Dünung. Schon auf unserem Rückweg kamen immer dunklere Wolken auf, so daß wir sorgenvoll den Horizont nach unserer Jacht absuchten. Doch wir fanden sie an diesem Abend nicht. Statt dessen kam ein Sturm auf, der uns drei Tage nicht mehr losließ. Unser Sonnensegel, das zunächst die Gischt abgehalten hatte, mußten wir über Bord werfen, weil der Wind zu sehr hineinfuhr. Dann brach einer der Ausleger ab. Das hatte zur Folge, daß mit jeder Welle Wasser an Bord kam – drei Tage und Nächte schöpften wir es mit Eimern und Schüsseln wieder hinaus. Die Lebensmittel, besonders die Früchte, wurden durch das Meerwasser verdorben. Lebende Hühner, die wir dabeihatten, verendeten.

Wir ernährten uns von salzigem Reis und wenig Trinkwasser. Schließlich gelang es uns, Kurs Richtung Osten zu nehmen. So gelangten wir zu einem sehr abgelegenen Ende von Palawan, wo wir uns aber trotz unserer Erschöpfung nicht an Land wagten und draußen vor der Küste ankerten. Die Gegend galt als Rebellengebiet und war damals außerordentlich unsicher. Am nächsten Tag, als der Sturm sich endlich gelegt hatte, fuhren wir hinauf nach Quezon, von wo wir den Weg zum Schiff zurückfanden.

Nach drei Monaten waren die Ausgrabungsarbeiten am Riff beendet, und ich kann sagen, daß sie ein großer Erfolg waren. Wir hatten mehrere hundert Porzellanteile aus der Ming-Zeit bergen können: Schalen, Vasen, Tassen und Krüge in unterschiedlicher Ausführung und Bemalung. Dazu 200 Glasperlen und 22 Gongs aus Bronze. Wir konnten zudem durch den Fund nachweisen, daß die chinesischen Handelsrouten schon im 16. Jahrhundert auch westlich von Palawan in Richtung Borneo und Malaysia verliefen – ein Faktum, das aus den schriftlichen Quellen nicht bekannt war. Die alten Seekarten verzeichnen alleine die Ostseite der Insel als Fahrtroute.

Da ich mich aber entschlossen hatte, meinen »Finderlohn« nicht zu verkaufen, sondern als Sammlung beisammen zu halten, stand ich, was die Finanzierung des nächsten Projektes anging, nicht besser da als am Anfang. Sponsoren fand ich zu diesem Zeitpunkt noch nicht. Man glaubte allgemein, der Fund wäre nur ein Zufallstreffer gewesen.

Ein Schiff namens Griffin und die Grenzen der Technik

Also suchte ich ein nächstes Schiff: die »Griffin«. Die Funde sind in diesem Buch nicht aufgeführt. Das Schiff ist aber für die Entwicklung meiner Ausgrabungstätigkeit von so großer Bedeutung, daß ich davon berichten will.

Die Griffin, wie die Royal Captain ein Handelsschiff der Englischen Ostindien-Companie, war Ende des 18. Jahrhunderts südlich der philippinischen Insel Mindanao gesunken – etwa 160 Kilometer von der Küste entfernt. Weil die Gewässer hier tiefer sind, etwa 15 Meter, kam ein einfaches Magnetometer, wie wir es bei der ersten Suche verwendet hatten, nicht in Frage.

Um mir in dieser Situation zu helfen, versuchte ich es mit zwei Unterwasserforschungsunternehmen. Das sind Firmen, die sich auf die Suche nach modernen Wracks und geologische Untersuchungen in den Ozeanen spezialisiert haben. Denen nannte ich das Gebiet, in dem die Griffin gesunken war. Die Firmen rückten mit 50 Meter langen und sehr behäbigen Schiffen an, fuhren das Gebiet systematisch ab und meldeten am Ende: Dort liegt kein Wrack. Das kostete mich beim ersten Mal 75 000 Dollar, beim zweiten Mal 130 000 Dollar. Da ich aber nach den Archiven wußte, daß die Griffin dort untergegangen war, wurde klar, daß auch deren Geräte für meine Zwecke nicht ausreichten. Also zog ich selber los. Mit einem Schlauchboot kreuzte ich anderthalb Monate in dem fraglichen Gebiet und suchte Meter für Meter den Meeresboden ab. Ein Sonar, also akustische Ortung, kam für diese Arbeit nicht in Frage. Zwar kann man damit von Bord aus den Meeresgrund absuchen, doch kann das Sonar nur Objekte erfassen, die aus dem Grund herausragen. Solche, die unter Sand oder Korallen liegen, bleiben ihm verborgen.

Also benutzte ich, mangels besseren Materials, noch einmal mein altes Magnetometer. Da man davon ausgehen kann, daß sich in jedem Wrack Metall befindet, ist das Magnetometer im Prinzip das geeignetste Mittel, versunkene Schiffe aufzuspüren. Nicht nur die europäischen Schiffe, auch alle chinesischen enthielten Metall. Da es auf den Philippinen damals keine eigene Eisenerzeugung gab, führten die Chinesen vom 11. bis ins 16. Jahrhundert Eisenbarren als Exportgut mit sich. Auf den meisten Dschunken befand sich also mindestens ein Kubikmeter Metall, auf europäischen Schiffen war es sogar erheblich mehr: Kanonen und deren Kugeln, Anker und Teile der Takelage. Die Griffin, das hatte ich ausgerechnet, mußte rund 150 Tonnen Eisen mit sich geführt haben. Diese Menge wäre, gerade gesunken, leicht aufzuspüren. Durch Korrosion aber schwächt sich der natürliche Magnetismus so stark ab, daß er im Laufe der Jahrhunderte fast verschwindet.

Mein Magnetometer, ein handelsübliches Gerät, taugte infolgedessen für seinen Zweck nicht viel. Die Geräte haben, selbst wenn sie gut in Schuß sind, ein permanentes Geräusch von zwei bis vier Gamma. Als Signal ist nur ablesbar, was darüber hinausgeht. Bei altem Metall aber, wenn man aus einer bestimmten Entfernung mißt, liegen die Ausschläge oft darunter – was schlichtweg bedeutet, daß man mit den üblichen Magnetometern so oft über ein Wrack hinwegfahren kann, wie man will, man wird es nicht finden.

Weil die Griffin so große Mengen an Metall an Bord gehabt hatte, machte ich mir dennoch Hoffnungen und begann die Suche. Schließlich meinte ich, eine winzig kleine Abweichung vom normalen Erdmagnetismus gefunden zu haben. Mein Team hielt das für Unsinn, doch ich bestand darauf, an dieser Stelle zu tauchen. Nachdem wir uns zwei Meter tief in den Sand gegraben hatten, war noch immer nichts entdeckt – und ohne Erfolg fuhren wir wieder ab. Aber die Sache ließ mir keine Ruhe. Ein Jahr später kehrte ich mit einem größeren Versorgungsschiff zurück und sagte zu meinen Leuten: Jetzt graben wir so lange, bis wir etwas gefunden haben, und wenn wir uns dafür hundert Meter tief in den Sand wühlen müssen. Nach vier Metern kam dann eine Scherbe blauweißen Porzellans zum Vorschein. Es handelte sich um den Teil einer Untertasse mit dem Dekor eines Kranichs, der sich unter einem Baum ausruht. Diese Darstellung war gehalten im Stil der Ch'ien-lung-Epoche (1736-1796), also genau jener Zeit, in der die Griffin gesunken war. Wir gruben weiter und stießen schließlich auf eine zerbrochene Kanone und ein Stück eisernen Ballasts.

Danach fanden wir auf einer Strecke von 1,8 Kilometern immer mehr Eisenteile und am Ende, unter einer Schicht von acht Metern Sand,

die Reste des Schiffes. Nach dem Untergang war es von einer starken Strömung auf dem Meeresgrund entlanggetrieben worden, bis es schließlich in einer Art Düne steckenblieb. Die Suche nach der Griffin war also doch noch ein Erfolg geworden.
Doch zugleich war mir klar, daß ich das Schiff halb aus Zufall entdeckt hatte und halb, weil ich von der Sache besessen war. Aber die Chancen, daß so etwas noch einmal passieren würde, waren gleich Null – jedenfalls mit einem herkömmlichen Magnetometer. Ich mußte mir also anständiges Gerät besorgen.

Mit Super-High-Tech in Richtung Vergangenheit

Als erstes brauchte ich ein eigenes Boot. Es mußte über einen geringen Wendekreis verfügen, durfte nur geringen Tiefgang haben und mußte trotzdem hochseetüchtig sein. Ich entschied mich für einen Katamaran, den ich in Frankreich bauen ließ. Er ist 21 Meter lang und mit einem 30 Meter hohen Mast sowie zwei Motoren ausgerüstet. Die ermöglichen es, wenn man den einen in den Vorwärtsgang, den anderen in den Rückwärtsgang stellt, das Schiff auf der Stelle zu drehen. Wegen des Magnetismus ließ ich die Maschinen jedoch nicht, wie üblich, gleich hinter den Schrauben unter der Wasserlinie montieren, sondern plazierte sie auf Höhe der Decks. Den Magnetismus neutralisieren wir zusätzlich mit einem künstlichen elektromagnetischen Feld, das wir um das Schiff herum aufbauen. Das Resultat ist, daß unser Katamaran nur ein außerordentlich geringes Magnetfeld hat. Das Boot bietet Platz für zwölf Leute und viel Elektronik und benötigt nur eine Crew von drei Mann: einen Kapitän, einen Ingenieur, einen Matrosen. Ich taufte es auf den Namen Kaimiloa, nach dem Katamaran meines Großvaters.
Noch während das Boot gebaut wurde, hörte ich, daß das französische Kommissariat für Atomenergie an einem sehr empfindlichen Magnetometer arbeitete. Ich nahm sofort Kontakt zu der Behörde auf und überzeugte die Wissenschaftler, daß eine Zusammenarbeit für beide Seiten sinnvoll wäre: Das Kommissariat verfügte über kein vernünftiges Forschungsschiff. Die ersten Tests erfolgten dann tatsächlich auf der Kaimiloa.
Neben der schwierig zu erreichenden Empfindlichkeit des Gerätes gibt es noch eine Reihe weiterer Punkte, die bei der Arbeit mit einem Magnetometer zu berücksichtigen sind. Man zieht das Gerät nämlich an einem langen Kabel hinter dem Boot her. Das bedeutet: In dem Moment, wo es eine magnetische Anomalie anzeigt, weiß man zwar, wo das Boot ist, aber man weiß nicht genau, wo das Magnetometer ist. Liegt es direkt hinter dem Boot oder ist es seitlich abgetrieben? Dann gibt es das Problem der geologischen Abweichungen vom magnetischen Normalnull. Das Magnetfeld der Erde ist nicht gleichmäßig, sondern schwankt, schon in Entfernungen von unter 100 Metern, erheblich. Um diese Unregelmäßigkeiten auszugleichen, entwickelten wir nun eine Apparatur, bei der mehrere Magnetometer über-

oder nebeneinander angeordnet sind. Das Magnetfeld der Erde, wie auch jedes anderen Objektes, nimmt mit der Entfernung zu seinem Ursprung scharf ab. Packt man nun zwei Magnetometer übereinander, kann man aus der Differenz der Meßwerte die Entfernung der Quelle errechnen – und so erkennen, ob es sich bei der Anomalie um eine des Erdmagnetismus oder eines Gegenstandes handelt, der unter dem Meeresboden liegt. Das, was sich hier so einfach anhört, in Meßdaten umzusetzen, erforderte allerdings einen erheblichen Forschungsaufwand. Fünfzig Ingenieure hatten bereits fünfzehn Jahre lang in diesem Bereich geforscht, als ich mit dem Kommissariat in Verbindung trat. Man kann sich ausrechnen, was das gekostet hat. Nun beteiligte ich mich an der Entwicklung und stellte meine Kaimiloa für Testzwecke zur Verfügung. Dafür bekam ich das Recht einer zivilen Nutzung zugesichert.

Ein weiteres Gerät, das wir in den letzten Jahren in unsere Ausrüstung integriert haben, ist das Differential-GPS. Das »Global Positioning System« wird normalerweise in der Luft- und Seefahrt benutzt. Mit Hilfe von Satelliten kann man damit seine Position bestimmen – im Prinzip bis auf zehn Zentimeter genau. Doch die Satelliten gehören dem US-Militär, das eine Nutzung durch Unbefugte verhindern möchte. Daher verschlüsseln sie das System und versehen es mit einer künstlichen Unschärfe. Doch dem GPS erging es ähnlich wie vielen militärischen Entwicklungen. Weil das Interesse an einer zivilen Nutzung so groß war, entwickelten amerikanische Ingenieure eine Möglichkeit, die eingebauten Hindernisse zu umgehen. Indem man an Land eine eigene Station errichtet, deren Position man ja genau kennt, und deren Signale mit den Satellitensignalen abgleicht, kann man seine eigene Position nun immerhin bis auf 18 Zentimeter genau berechnen. Der einzige Unterschied zu dem normalen GPS ist, daß das Differential-GPS nicht 1000 Dollar kostet, sondern 40000.

Aus all den erwähnten Komponenten haben wir uns für unsere Zwecke ein eigenes System zusammengestellt. Mit dem Differential-GPS bestimmen wir unsere eigene Position. Mit einem akustischen System erkennen wir von Bord aus die Position des Magnetometers. Wenn wir dann auf dem Magnetometer eine Anomalie erkennen, können wir sie auf der Karte verzeichnen und später mit Tauchern dorthin zurückkehren. Um so präzise arbeiten zu können, haben wir heute mehr als zwei Tonnen Elektronik an Bord – und zwei Ingenieure, die wir vom Kommissariat für Atomenergie abgeworben haben.

Weitere Funde ohne High-Tech

So wichtig die Technik in vielen Fällen ist – einige Wracks findet man trotzdem nur mit quasi archaischen Methoden. Die »Investigator-Dschunke« gehört dazu.

Hier standen am Anfang Porzellanschalen, die Fischer vom Meer mit nach Hause gebracht hatten – und eine Legende, die sie dazu erzähl-

ten. Dort draußen, so hieß es, weit vor der Insel Balabac, würde es wundersame Korallen geben, an deren Ästen Porzellan wächst.
Der Fund und die dazugehörige Geschichte drangen 1990 über das Philippinische Nationalmuseum zu uns. Mit dessen Wissenschaftlern unterhielten wir inzwischen eine eingespielte Partnerschaft. Sie waren es auch, die uns mit einer Gruppe von philippinischen Geschäftsleuten zusammenbrachten, die sich an der Wracksuche beteiligen wollten. Gemeinsam gründeten wir ein Joint Venture, das sehr harmonisch und gut funktionierte. Vor allem ein großes Versorgungsschiff, das die Geschäftsleute uns zur Verfügung stellten, erwies sich als hilfreich.
Als wir uns von den Fischern zu dem wundersamen Korallenriff führen ließen, stellte sich heraus, daß es sehr weit draußen im Meer gelegen ist. Das Unglaubliche aber war, daß die Fischer keine Karte besaßen. Mitten im Ozean deuteten sie exakt auf eine Stelle – und dort begannen wir mit unserer Suche.
Der Platz, bei einer Untiefe, die auf den Seekarten als Investigator-Riff verzeichnet ist, war nur drei bis vier Meter tief. Zusätzlich zu dem Versorgungsschiff unserer philippinischen Partner und dem Katamaran mußten wir also ein Floß bauen, das als Arbeitsplattform diente. Mit Hilfe des Magnetometers konnten wir das Wrack sehr schnell orten, mußten aber feststellen, daß andere schon vor uns dagewesen waren. Mit Sprengstoff hatten sie versucht, an verborgene Schätze heranzukommen und so einen Teil der Funde zerstört. Der Meeresboden war übersät mit Scherben. Glücklicherweise aber waren bedeutende Teile des Wracks, wie schon bei der Royal-Captain-Dschunke, von Korallen überwuchert. Mit der dort entwickelten Technik der Stollen hatten wir auch hier Erfolg: Wir konnten zahlreiche Artefakte aus dem 13. Jahrhundert, dem Ende der Südlichen Sung-Dynastie, bergen.
Ein besonders aufregendes Fundstück war ein voluminöser Topf. Ich brauchte drei Tage, um ihn von Korallen zu befreien. Als ich zum Schluß, ganz vorsichtig, ein größeres Stück entfernte, da zersprang der Krug und öffnete sich wie eine Blüte. Ich verstand überhaupt nicht, was los war, denn schließlich hatte er siebenhundert Jahre bewegungslos auf dem Meeresgrund geruht. Mit aller Kraft versuchte ich die Teile zusammenzuhalten, aber es gelang mir nicht. Erst später konnten wir uns das Phänomen erklären. Während der Sung-Dynastie war es laut Dekret des chinesischen Kaisers verboten, Metall zu exportieren. Der Krug aber war gefüllt mit bronzenen Armbändern – und obendrauf lag eine Schicht Tee. Wir hatten es bei unserem Fund offensichtlich mit einem Schmugglerschiff zu tun. Im Laufe der Jahre hatte der Krug Sprünge bekommen, war aber durch die Korallen zusammengehalten worden. Und jetzt, als ich die Korallen wegnahm, sprengte das Gewicht der Armbänder, insgesamt 54 Kilogramm, den Topf auseinander.
Auch die dritte Dschunke fanden wir, nachdem beim Nationalmuseum ein Hinweis eingegangen war. Wieder hatten Fischer Porzellan

vom Meer mitgebracht, und wir stellten schnell fest, daß es sich um sehr frühe Stücke aus der Sung-Zeit handelte – aus dem 11. Jahrhundert. Da noch nie ein Boot aus jener Epoche geborgen worden war, erschienen die Funde äußerst interessant.

Nur war der Fischer, der die Stücke dagelassen hatte, schon lange wieder verschwunden. Es brauchte detektivische Arbeit, um ihn ausfindig zu machen. Wir verfolgten den Weg der Fundstücke von Fischer zu Fischer zurück. Nach zwei Wochen fanden wir den Mann auf einer sehr entlegenen Insel am südlichen Ende der Philippinen. Der Mann markierte uns die Fundstelle, nicht sehr präzise, auf einer Karte. Es dauerte einige Wochen, bis wir seine Angaben verifizieren konnten. Es handelte sich um das Breaker-Riff an der Westküste Palawans. In dessem Inneren gibt es eine Reihe von Tälern, die mit Sand aufgefüllt sind. Und darin, als hätte es dort immer schon auf uns gewartet, lag in nur 2,5 Metern Tiefe das Porzellan – seit 900 Jahren unberührt. Einige Stücke schauten sogar aus dem Sand heraus, der Großteil aber lag unter der Oberfläche und war dadurch sehr gut erhalten. Wir legten die Schätze frei, wozu wir nur meinen Katamaran und ein Floß als Arbeitsplattform benötigten – das war alles.

Das nächste Wrack schließlich verdanke ich dann doch vor allem unserer High-Tech-Ausrüstung. 1995 suchten wir nach einem holländischen Schiff, das 1617 gesunken war. Dafür durchkämmten wir einen 30 Kilometer langen Küstenstreifen vor der Insel Luzon und stießen auf eine Menge eigenartiger Dinge: Torpedos, Flugzeuge, mehrere Anker von modernen Schiffen. Viel interessanter aber als die scharfen Signale des modernen Stahls auf unserem Magnetometer waren für uns die sanften, fast unmerklichen Ausschläge, wie sie altes Metall verursacht. Einem solchen Signal, in etwa 50 Metern Tiefe, gingen wir nach und entdeckten die Reste einer chinesischen Dschunke. Sie war mit Porzellan der mittleren Ming-Dynastie, etwa vom Beginn des 16. Jahrhunderts, beladen. Unsere Suche nach dem Holländer unterbrachen wir vorerst nicht. Aber ein Jahr später, 1996, kehrten wir mit einem größeren Boot an die Stelle zurück. Die Ausgrabungen für das nun „San-Isidro-Dschunke" genannte Schiff dauerten drei Monate, und wir konnten eine große Menge an historischem Material sicherstellen.

Auch während der Arbeiten an diesem Buch, im Frühjahr 1997, unterbrachen wir unsere Forschungsarbeiten nicht. Systematisch besuchen meine Leute, gemeinsam mit Mitarbeitern des Museums, die Dörfer an der philippinischen Küste und fragen Fischer nach Funden oder besonderen Beobachtungen. Während dieser Aktion erhielten wir einen Anruf vom Nationalmuseum aus Manila: Die Küstenwache hätte bei Fischern am Lena-Riff fünfhundert historische Porzellanteile konfisziert. Durch Zufall befand sich die Kaimiloa nur wenige Kilometer entfernt. Nach kaum zwei Stunden war sie an Ort und Stelle. Die Coastguards waren so überrascht wie wohl selten. Eine so prompte Reaktion auf ihren Anruf im entfernten Manila konnten sie gar nicht fassen.

Was war am Lena-Riff geschehen? Eine Gruppe von Bancas, die sich mitten auf See versammelt hatte und die ganz offensichtlich nicht fischte, hatte die Aufmerksamkeit der Küstenwache erregt. Bei der Kontrolle entdeckten sie dann das Porzellan. Ein Fischer, so erfuhren wir später, war mit seiner Harpune einem großen Seebarsch hinterhergeschwommen und hatte, gerade als sich der Fisch in guter Schußposition befand, in 50 Metern Tiefe einen großen Krug entdeckt. Das rettete dem Tier das Leben, für das Porzellan allerdings ging es zunächst nicht gut aus. Der Fischer untersuchte den Fund und benachrichtigte dann seine Kollegen. Man vermutete Gold oder Juwelen in den Gefäßen. Da die Fischer jedoch über kein geeignetes Gerät verfügten, um die Objekte zu bergen, zerschlugen sie eines nach dem anderen unten am Meeresgrund. Damit ihnen auch ja nichts entging, stocherten sie anschließend noch mit Eisenstangen im Sand herum. Insgesamt, so schätzen wir, gingen bei dieser zehntägigen Aktion über tausend Objekte zu Bruch. Dann zogen die Fischer erst einmal ab. Als wir später die Scherben einsammelten, waren es 250 große Netze voll. Doch nicht nur das Porzellan, auch die Fischer selbst erlitten durch ihre Naivität und ihr unbedachtes Vorgehen Schaden. Fast ohne Gerät 50 Meter tief zu tauchen, ist keine Kleinigkeit. Mangels Sauerstoffflaschen pumpten die Männer mit einem Kompressor die Luft durch einen Schlauch in die Tiefe, wo sie sich reihum frische Luft abzapfen konnten. Aus Unkenntnis der Dekompressionszeiten kam einer der Fischer ums Leben, zwei wurden schwer verletzt.

Als die Küstenwache eintraf, hatten die Fischer dennoch eine zweite Runde des Plünderns begonnen. Ein Antiquitätenhändler aus einer nahe gelegenen Kleinstadt hatte von dem Fund gehört und Interesse angemeldet – nun ging es darum, Porzellan zu bergen.

Doch dann traten wir auf den Plan, und die Mitarbeiter des Nationalmuseums sahen sofort, daß es sich bei dem konfiszierten Material um feinste Qualität handelte – noch dazu aus einer Periode, Ende des 15. Jahrhunderts, aus der relativ wenig erhalten ist. Das Porzellan, das kann man an Motiven und Mustern ablesen, war bestimmt für den persischen und türkischen Markt. Vergleichbare Stücke finden sich nur im Topkapi-Museum in Istanbul und im Nationalmuseum von Teheran. Interessant ist es auch deshalb, weil es kurz vor der Ankunft der Portugiesen in China entstand – danach änderte sich die Porzellanproduktion erheblich.

Wir tauchten also, um festzustellen, ob nicht doch noch etwas mehr von dem Material erhalten geblieben sei – und unter dem Sediment stießen wir tatsächlich auf Stellen, die die Fischer nicht entdeckt hatten. Sehr schnell entschlossen wir uns, eine Ausgrabung durchzuführen. Eile war vor allem geboten, weil die Taifunsaison nicht mehr weit war – sie beginnt Ende Mai, Anfang Juni. Bis nach den Taifunen konnten wir nicht warten – Plünderer wären uns zuvorgekommen.

In nur zehn Tagen organisierten wir also eine Schute als Versorgungsschiff, einen Schlepper und ein kleines Shuttle-Boot. Dazu heuerten

wir in Frankreich, den USA und Australien Taucher an und besorgten uns Ausrüstung in Schottland, Hongkong und Singapur. Über Manila transportierten wir alles an die Grabungsstelle und arbeiteten vom 15. März bis zum 15. Mai. Gegen Ende der Grabung hörten wir täglich den Wetterbericht ab und entschieden jeweils, ob wir noch zwei oder drei Tage weitermachen konnten. Die schwerfällige Schute konnte man vor einem Sturm nicht schnell in Sicherheit bringen.
Doch die Funde belohnten die hektische Suche und die Risiken, die wir dabei eingingen. Fast 5 000 Objekte zusätzlich zu dem konfiszierten Gut konnten wir sicherstellen: neben Porzellan auch kleine bronzene Kanonen und Stoßzähne von Elefanten.
Ein Geheimnis aber wird die Lena-Riff-Dschunke für immer bewahren: warum sie gerade hier, vor den Philippinen, unterging. Aus ihrer Ladung, die ja für einen ganz anderen Teil der Erde bestimmt war, können wir ablesen, daß ihr Ziel vermutlich Malakka war. Der malaysische Hafen, der der Straße von Malakka ihren Namen gab, stellte damals die Verbindung zwischen dem Fernen Osten einerseits, Indien, Persien und dem ottomanischen Reich andererseits dar. Die Chinesen entluden hier ihre Schiffe, indische und muslimische Kaufleute übernahmen die Ladung. Unser Schiff, so wissen wir, startete in Mittelchina, wo es Porzellan aus Jingdezhen und Celadon-Keramik aus Longquan an Bord nahm. Dann im Süden des Landes kam weitere Keramik hinzu. Von hier aus nahm es Kurs auf Anam, wo es anamesisches Porzellan lud. Dann ging es weiter nach Siam, wo eine große Ladung von Celadon-Keramik aus Sawankhalok an Bord kam. Wir fanden ein ganzes Schott voll dieser grün glasierten Krüge mit ihren kugelförmigen Griffen. Aus Siam stammen wahrscheinlich auch die Elefanten-Stoßzähne. Dann aber muß etwas Unvorhergesehenes passiert sein, denn die Dschunke setzte ihren Weg nicht wie geplant nach Süden fort. Ob sie von einem Sturm abgetrieben oder von Piraten gekapert wurde, wissen wir nicht. Aber der Fundort liegt 500 Kilometer von Siam entfernt, in einer Richtung völlig entgegengesetzt von Melaka.

Epilog

Oft werde ich gefragt, wie viele Wracks wohl noch auf dem Meeresgrund liegen. Es müssen Zehntausende, wenn nicht gar Hunderttausende sein. Schließlich kann man davon ausgehen, daß im Laufe der Geschichte fast jedes Schiff irgendwann untergegangen ist.
So komplex die Anforderungen an die Unterwasserarchäologie auch sind und so schwierig oft die technischen Bedingungen der Ausgrabungen: Ganz sicher hält das Meer noch einen reichen Schatz an historischen Quellen für uns bereit. Andererseits muß aus der Fülle des möglichen Materials sorgfältig ausgewählt werden. Nicht jede Untertasse auf dem Meeresgrund ist von historischem Belang – und tatsächlich haben wir schon Wracks nach ersten Analysen liegen gelassen. Was nützen die Grabungen, wenn wir aus der gleichen Epo-

che schon über bedeutendes Material verfügen? Für uns ist nur das von Interesse, was unsere Kenntnis der Geschichte vertieft und erweitert. Ich denke, daß das mit den fünf Dschunken gelungen ist. Sie sind gewichtige Teile in einem Mosaikbild, das wir uns von einem halben Jahrtausend der Geschichte machen. Doch nicht nur das: Sie weisen insofern über sich selbst hinaus, als sich an ihnen besser als mit anderen Quellen überkommene Datierungen verfeinern, verbessern oder bestätigen lassen.

Die Royal Captain, jenes englische Schiff, mit der meine Arbeit als Schatzsucher begann, fanden wir schließlich auch noch. Aus technischen Gründen allerdings bargen wir es nicht. Zwölf Jahre nach unserer ersten Expedition kehrte ich an das Riff zurück – und mein inzwischen viel besseres Gerät verhalf mir diesmal zum Erfolg. Ich hatte nun ein ferngesteuertes, unbemanntes U-Boot dabei, mit dem ich in größere Tiefen vordringen konnte. Da sitzt man oben an Bord vor einem Bildschirm, wie bei einem Videospiel, und kann sehr tief hinunterschauen. Auf diese Weise sah ich den Anker, den wir vor zwölf Jahren entdeckt hatten, wieder. Weiter unten stieß ich auf eine Kanone, die laut Logbuch über Bord geworfen worden war. Von da an tauchten wir einfach immer tiefer und tiefer. Da entdeckten wir Scherben und wußten, daß die Royal Captain wirklich hier liegen mußte. Dann kamen weitere Kanonen, und schließlich, in 360 Metern Tiefe, fanden wir einen großen Hügel, der mit Porzellan bedeckt war – bewacht nur von ein paar Nautilus-Schnecken. Die Scheinwerfer unserer Tauchroboter tauchten das Schiff und seine Ladung nun zum ersten Mal seit seinem Untergang in Licht. Ansonsten herrscht in dieser Tiefe ewige Finsternis.

Die Schiffsladung aus der Zeit der Nördlichen Sung-Dynastie (960-1127) besteht aus Gebrauchsartikeln, Duftlampen, Dosen, Schalen, Kannen, Kendi, Flaschen und Krügen.

Die Keramiken sind repräsentativ für die Produktionen der südchinesischen Provinzen. Es gibt Qingci, das Steinzeug mit grüner Glasur, und Qingbai, die weiß-blauen Porzellane. Dazu kommt Steinzeug mit brauner Glasur, Temmoku genannt, sowie bemaltes Steinzeug vom Typ Cizhou. Ob traditionell oder in neuen Formen, diese Werke geben einen Überblick über die Qualität und die Vielseitigkeit der Sung-Töpferkunst, die für ihre Eleganz und ihre Schlichtheit berühmt ist.

Die Art, wie die Ware verstaut war, gibt Aufschluß über die rationelle und sparsame Verpackungstechnik der chinesischen Kaufleute. Die Teile wurden, teils innerhalb von größeren Krügen, so eng aufeinandergestapelt und ineinandergesetzt, daß kaum leerer Raum blieb.

Kleine Flaschen und aufgestapelte Schalen, die noch nicht aus dem Sediment befreit sind

Seite 50/51: Eine Reihe von Steingutflaschen mit hoher Schulter und kleinem, hochgezogenem Ausguß

Kleine kugelförmige Krüge für Öl und magische Salben mit brauner Glasur

Schälchen mit eingeritztem floralem Muster, das frei gezeichnet wurde

Kleine Porzellankannen mit gegossenem Dekor und Qingbai-Glasur

Kanne mit Phönix- und
Pfingstrosendekor in
eisenbrauner Farbe vom
Typ Cizhou

Von einer Metallvorlage
inspirierte Kanne mit
gegossenem und
gemaltem Blumenmuster

Wasserkrug mit weiter Öffnung und gelapptem Bauch, grüngrau glasiert

Seite 58/59:
Porzellanschalen mit eingeritztem Dekor und Qingbai-Glasur

Porzellanartige Steingutflaschen mit Blumen- oder Pflanzenmuster in eisenbrauner Farbe vom Typ Cizhou

Porzellanschale mit
Qingbai-Glasur in Form
eines blühenden Lotus,
in der Mitte das Motiv
einer Schildkröte

Trinkschale aus Steingut mit brauner Temmoku-Glasur und bauchige Kanne mit Qingbai-Glasur

Eine Reihe von Porzellanflaschen, die aus vier Teilen gegossen und mit Qingbai-Glasur überzogen wurden

Kleiner Kendi aus
Steingut mit brauner
Glasur

Eine Sammlung von
Steingutschalen,
die in den Öfen
Südchinas gebrannt
und mit grüner Glasur
überzogen wurden

Auf der Töpferscheibe geformte Steingutkrüge mit Rillen, die vom Töpfer auf dem gerundeten Bauch belassen wurden

Großer Steingutkrug mit vier Querhenkeln und graugrüner Glasur

Die im Südwesten der Insel Palawan in drei Metern Tiefe gefundene Ladung der Investigator lag verstreut auf einem Korallenplateau unter einer Korallen- und Kalkalgenkruste; sie ist datierbar auf das Ende der Südlichen Sung-Dynastie (1127-1279) oder den Beginn der Yüan-Dynastie (1279-1368) und besteht aus Schalen, Trinkschalen, kleinen Tellern, Kendi und Kannen. Sie legen Zeugnis ab von der Beständigkeit bestimmter Stile. Die Seladons bestechen durch die Einfachheit der Form, die durch die Schönheit der Glasur noch betont wird. Die Qingbai vereinen die Harmonie ausgeglichener Formen mit eingeritztem Dekor, das die typisch volkstümliche Dynamik der Volkskunst von Fujian ausstrahlt. Die Artefakte mit ihrer eleganten Einfachheit sind oft von der Natur inspiriert. Die Kendi, eigentlich aus Indien stammend, entwickeln in Südostasien eine eigene Gestalt mit schlankem Hals und langem, am Boden gebauchten Ausgußschnabel. Sie sind mit gegossenen Motiven verziert. Es ergibt sich so eine klare Kunst, bei der das Dekor zugunsten der Linienführung und der Schönheit der Überzüge zurücktritt.

Seite 72-73:
Schälchen und Schalen
aus Steingut mit
Seladon-Glasur

Porzellanschälchen
mit Qingbai-Glasur
in der Form von
Chrysanthemen

Porzellanschale mit
gegossenem Dekor und
Qingbai-Glasur,
die Spuren des
Stützgestells zeigt

Kendi aus Steingut
mit gegossenem
Drachendekor und
Bronzereifen

Kugelförmige Porzellankanne mit Qingbai-Glasur und spiralförmigem, mit einem Kamm eingeritztem Dekor

Porzellanschälchen mit Qingbai-Glasur und gegossenem Dekor von hochrankenden Lotusblütenblättern

Vor der Insel Busuanga ruhte in 40 Metern Tiefe eine erstaunliche Schiffsladung, würdig der Paläste des Mittleren Orient am Ende des 15. Jahrhunderts. Platten verschiedener Größen, Kannen, ein Kendi, große Dosen, Schreibzeuge, Trinkschalen und Krüge sind repräsentativ für die Produkte aus Jingdezhen, die großen Platten, Schalen und Trinkschalen für die Produkte aus Longquan. Die Treue zur klassischen Tradition drückt sich in der Vielfalt der Motive aus: Neben Blumenranken gibt es Märchentiere, die über schaumgekronte Wellen springen, buddhistische Symbole, Drachen und Phönixe als Zeichen kaiserlicher Macht. Dazu kommen Teiche mit Lotus und anderen Pflanzen, in denen Enten, Stelzvögel und Fische emportauchen. Mehrere Platten nehmen einen geometrischen Formenkatalog auf, der mittelorientalisch beeinflußt ist: konzentrisch angeordnete Felder rund um ein Mittelmedaillon, strahlenförmige Gittermuster und Lambrequins. Neue Tendenzen machen sich bemerkbar mit dem Auftauchen des Hirschdekors und der Beschwörung des Gartens. Die Seladons bleiben der Sung-Technik treu und geben naturalistischen Motive wieder. Die Produktionen der Nachbarländer sind ebenfalls vertreten. Die „Blau-und-Weiß"-Keramiken aus Vietnam haben Technik und Dekoration aus China übernommen, bleiben dabei aber eine eigenständige Variante eines bekannten Themas. Die thailändischen Handwerker stellten Seladons her, nahmen ein chinesisches Vorbild auf, glichen es an und gaben ihm eine neue Gestalt, um schließlich neue, eigene Wege zu erkunden. Die Ladung der Lena-Dschunke stellt eine Gesamtaufnahme jener Keramiken dar, die von chinesischen und benachbarten Manufakturen für den Export in den interasiatischen Markt hergestellt wurden.

Porzellankanne mit
»weiß-blauem« floralem
Dekor

Kleine Porzellankanne
in der Form eines
Mandarin-Entenpaares

Große Porzellanplatte
mit einem Dekor aus
Zweigen und
Pfingstrosenranken.
Kleiner Krug, der mit
Lambrequins und
Lotusranken verziert ist

Seite 84-85:
Zwei Kannen,
die auf Vorlagen der
Goldschmiedekunst
zurückgehen,
mit kobaltblauer
Unterglasurverzierung

Große Platte mit einem
fliegenden Elefanten
vor einem
Wellenhintergrund

Mit Lambrequins oder
gelappten Medaillons
verzierte Platten,
die auf den Geschmack
der Märkte im Mittleren
Orient zugeschnitten sind

Mit Lambrequins
und Lotusranken
verzierter Kendi

Seite 92-93:
Große Platten mit
Hirschdekor, in einer
Landschaft oder umgeben
von Blätterranken

Flasche mit verengtem
Hals und Blumenranken

Der Phönix, der mythische Vogel des Südens, versinnbildlicht in China die Kaiserin

Der Drache, der den
fruchtbar machenden
Regen bringt, ist das
Emblem des Kaisers

Platten, die mit Wasserszenen verziert sind, schwimmende Enten zwischen Lotuspflanzen

Die Unterseite einer Schüssel, die mit einem von Bändern umgebenen Löwen verziert ist

Platten und Trinkschalen
aus Steingut mit einem
Dekor, das eingeritzt
und aufgedrückt wurde
und mit Seladon-Glasur
überzogen

Kleine vietnamesische Porzellankrüge mit »Blau-und-Weiß«-Dekor

Kleiner thailändischer Krug in Kalebassenform aus Steingut und mit grüner Glasur

Vergraben unter einer 50 Zentimeter dicken Schicht aus Korallensand, in 40 Metern Tiefe an den breiten Küsten der Insel Luzon lag die Ladung der San-Isidro-Dschunke. Sie wird auf den Beginn des sechszehnten Jahrhunderts geschätzt und enthält hauptsächlich Gebrauchsgeschirr, das aus Privatöfen in der Provinz kam: Schalen, Schälchen, Trinkschalen, Porzellanplatten und Steinzeugkrüge. Die Handwerker nahmen in den Dekoren die bekannten Themen chinesischer Vorstellung auf: Drachen, Phönix und den wilden oder gutmütigen Löwen. Die Inschrift mit Wünschen für Glück und langes Leben steht auf dem Grund der Platten und Schalen. Dennoch blieb die Natur mit den Darstellungen von Lotus, Pfingstrosen und Felsen, aus denen Blütenzweige hervorkommen, die wesentliche Quelle der Inspiration. Unter dem Pinsel der Künstler verwandeln sich die Motive zu einem freien und abstrakten Dekor. Das ist typisch für die Bildsprache des Fujian, die sich durch die spontane Kraft eines mit breiten Strichen aufgetragenen Musters auszeichnet. Von dieser lebhaften und schwungvollen Kunst, die manchmal naiv ist oder humoristischen Comics nahesteht, geht ein bestimmter südlicher Reiz aus.

Ein »Martaban«
genannter Krug aus
Steingut mit eingeritztem
und gegossenem Dekor

»Blau-und-Weiß«-Schüsseln mit Blumen- oder Tiermotiven, die schnell mit dem Pinsel skizziert wurden

Inschrift auf dem Boden
einer Platte, das
Schriftzeichen »Shou«
bedeutet Langlebigkeit

壽

Die Götter halten Festgelage am Royal-Captain-Riff, und wer sie stört, der muß ein Opfer bringen, ein Huhn oder einen Teller Reis. So erzählt es ein Fischermärchen. Die paar Keramiken, auf dem Sand zerstreut, drei Meter tief im Südwesten der Insel Palawan, stehen sie nicht am Anfang solchen Volksglaubens?

An den Westküsten der Insel Palawan, in einem Korallenhaufen in drei bis fünf Metern Tiefe versunken, lag die kleine Keramikladung, datierbar auf das Ende des 16. oder Anfang des 17. Jahrhunderts. Sie besteht aus einfachen Gebrauchsformen, die genau den Bedürfnissen des philippinischen Marktes entsprechen: Teller, Schälchen, Tassen, Trinkschalen, Dosen, Flaschen und Krüge. Bestimmte dicke Porzellane vom Typ »Swatow«, eine Bezeichnung nach dem Namen des Hafens von Shantou, sind mit Tier- und Blumenmustern dekoriert, die der Künstler in schnellen Pinselstrichen skizziert. Parallel zu diesen Erzeugnissen gibt es eine Produktion von leichtem, feinwandigem Serienporzellan. Die Teller mit gezackten und bogenversehenen Rändern sind mit dem Phönixmotiv verziert, sowie die Schalen mit dem Thema des Literaten in der Gesellschaft eines Hirschs; sie sind typisch für diese praktisch industrielle Produktion. Die in Manila von Händlern auf einem kleinen Boot gekaufte Ladung war offenbar für eine ganz bestimmte Kundschaft vorgesehen, die einfaches Gebrauchsporzellan, passend für ihre regionalen Gebräuche, benötigte. Es waren zweifellos Volksstämme an den Küsten der philippinischen Inseln oder Borneos.

Schale mit der Abbildung
eines Gelehrten
neben einem Hirsch

Seite 119:
Teller mit gelapptem
Rand und einem aufrecht
stehenden Phönix
in einer Landschaft

Kleine Krüge mit brauner
Glasur und weiße Schälchen
in der klassischen Tradition

Weißes Schälchen mit Brandring in der Mitte, der ein Aufeinanderstapeln ermöglicht

Jean-Paul Desroches

China und der Ozean (10. bis 16. Jahrhundert)

Von der Carreira da India zu den Galeonen von Manila

1435 ist ein Schlüsseldatum in der Geschichte der Zivilisation: Es ist das Jahr, in dem das kleine Königreich Portugal sich anschickt, die Weltmeere zu erobern, und zugleich markiert es den Rückzug der Chinesen von den Ozeanen. Xuande, der letzte große Seefahrer-Kaiser der Chinesen, stirbt. Auf der anderen Seite des Erdballs bereitet der Infant Henrique, Prinz Heinrich der Seefahrer, sein Land auf die Eroberung der Ozeane vor. Angetrieben durch die kastilische Einkesselung und den Krieg gegen die Mauren, bewirken die Portugiesen im Laufe des nächsten Jahrhunderts eine entscheidende Verlagerung des Fernhandels: vom Mittelmeer in die Weltmeere. Im Handel mit exotischen Waren wird Lissabon Venedig ablösen. Am Ende des Jahrhunderts nehmen die Spanier Christoph Kolumbus in ihre Dienste. Nachdem er in Amerika gelandet ist, teilen sich die Portugiesen und Spanier im Vertrag von Tordesillas (1494) eilig die Welt auf. Sie setzen 370 Meilen westlich der Kapverdischen Inseln eine Linie fest. Alle neu entdeckten Länder östlich davon sollen Portugal zustehen, jene westlich den Spaniern.

Vasco da Gama landet 1498 in Indien und erbringt damit den Beweis, daß das Mittelmeer mit dem anschließenden Landweg nicht die einzige Verbindung nach Asien ist. Und besser noch, er hat den Riegel, den der Islam vorschob, umgangen – und damit auch die ägyptischen und syrischen Zwischenhändler!

Von 1513 an befahren die ersten portugiesischen Karaken das Chinesische Meer; sie erreichen 1543 Japan und setzen damit einen Schlußpunkt an die gewaltige »indische Handelsstraße«, die Carreira da India. Für einige Jahre wird der Indische Ozean portugiesisch.

Von der anderen Seite dringt Magellan in den pazifischen Raum ein. 1520 umfährt der portugiesische Adlige, der in den Diensten der Spanier steht, die Südspitze des amerikanischen Kontinents. Von hier landet er nach dreimonatiger Reise in Samar auf den Philippinen. Bald darauf wird, unter Ausnutzung der Strömungsbewegungen, eine Überseeroute zwischen Mexiko und dem Fernen Osten etabliert. Zwischen Manila und Mittelamerika fahren nun die Galeonen in regelmäßigem Verkehr. Mit ihnen wird der Pazifik spanisch.

Die Ozeane werden jetzt nicht mehr als unüberwindliche Hindernisse betrachtet, sondern, ganz im Gegenteil, als Kommunikationswege zwischen den Kontinenten.

Die Erfolge der Iberer locken bald auch Engländer und Holländer nach Ostasien. Francis Drake dringt als erster in deren Netz ein, und 1602 veröffentlicht der Niederländer Oliver van Noort seine »Reise um die Welt«.

Alle gemeinsam folgen sie der Verlockung jener Reichtümer, von denen schon im Mittelalter Kunde nach Europa drang. Vom 10. bis zum 15. Jahrhundert bildete diese Region des Chinesischen Meeres einen Wirtschaftsraum, der sowohl für Europa wie auch für das chinesische Hinterland Quelle und Motor war.
Ohne es zu wissen, treten die europäischen Seefahrer nun das Erbe der Chinesen an, die hier lange vor ihnen ein enges Netz von Seewegen ausgebaut hatten. Schon zwei Generationen vor dem Portugiesen Bartolomeu Dias hatten sie von Osten her das Kap der Guten Hoffnung erreicht.

China stellt sich dem Ozean

Daß China sich ab dem 10. Jahrhundert, während der Sung-Dynastie (960–1278), zu einer Seemacht entwickelte, hat seinen Grund vor allem darin, daß seine Westgrenzen ständigen Bedrohungen durch die Nomadenvölker Zentralasiens ausgesetzt waren. Tag für Tag ging durch ihre Raubzüge kultivierbares Land verloren – eine starke Bedrohung auch deshalb, weil China schon damals sehr dicht bevölkert war. Von allen Seiten strömten nun Flüchtlinge in den Süden und an die Küsten, wo sich Großstädte mit aktivem Handel und vielseitigem Handwerk bildeten.
Da zugleich die Karawanenwege in den Westen abgeschnitten waren, setzten die Sung-Kaiser auf den Seehandel – ein tiefer Einschnitt für ein traditionell agrarisch orientiertes Land. Jedoch durch diese Entscheidung entwickelte sich China zu einer modernen Handelsnation, erschloß sich neue Märkte in Ost- und Südostasien und erreichte eine nie gekannte wirtschaftliche Dynamik.
Die ökonomische Expansion lag jedoch nicht nur in der Politik der Kaiser begründet. Das Bevölkerungswachstum, das Aufeinanderprallen verschiedener Geisteshaltungen durch die Wanderungsbewegungen, die Verbreitung des Papierdrucks sowie die Entwicklung der Wissenschaften waren wichtige Faktoren für die Dynamisierung des Wirtschaftslebens. Unter den technischen Neuerungen der Sung-Zeit ist besonders die Verwendung von Sprengstoffen im Bergbau zu nennen. Das kam vor allem der Verhüttungstechnik zugute, die nun durch die Förderung von Kohle über besseren Brennstoff verfügte. Die Metalle wurden widerstandsfähiger und die Schmelzmasse, durch die Erhöhung der Temperatur, perfekter. Geschulte Arbeitskräfte erhöhten die Produktivität, und die Einführung von Gebläsen beschleunigte diesen Prozeß weiter. Die Hütteningenieure der Sung-Zeit fanden in ganz Asien hohes Ansehen. Die Produkte einer ausgereifteren Technologie, die nur sie allein herstellen konnten, wurden als Barren über See exportiert. Die sich daraus ergebenden Erträge zogen Kapital an, das – sofort reinvestiert – die aufkeimende Industrie noch weiter forcierte.
Auch das Handwerk leistete einen bedeutenden Beitrag zur Wirtschaftsentwicklung. Seide, Lack, Keramik waren gesuchte Produkte.

Obwohl es bereits ausländische Nachbildungen gab – byzantinische Seide oder muslimische Brokate, koreanische und japanische Lackarbeiten, Keramiken aus Thailand oder Vietnam – hielt China für diese drei Bereiche die Schlüssel in der Hand. Ausländische Erzeugnisse reichten selten an die chinesische Qualität heran.

Unter den Handelsgütern ist besonders die Geschichte der Keramik gut dokumentiert. Nicht nur, daß zahlreiche Objekte bis heute erhalten sind, auch über Produktion und Handel gibt es bedeutsame schriftliche Quellen. Zusätzlich liefert seit etwa 15 Jahren die Meeresarchäologie ebenfalls wichtige Erkenntnisse: durch vollständige und manchmal sogar unbeschädigte Schiffsladungen, bei denen oft selbst die Originalverpackung, zuweilen auch die Namen der Empfänger erhalten sind. Diese Informationen lassen ein ganzes Netz aus Handwerkern, Repräsentanten, Bankiers, Spediteuren und Teilhabern erkennen.

Bevor aber das Porzellan ein wesentlicher Antriebsfaktor für die chinesische Wirtschaft wurde, bedurfte es einer längeren Entwicklung. Denn die Zerbrechlichkeit der zuvor üblichen, bei niedrigen Temperaturen gebrannten Keramik verbot einen Handel über weitere Entfernungen.

Früher kannte man vornehmlich nur eine begrenzte Zahl von Keramiken, nämlich jene qualitätvollen Stücke, die meist für staatliche Würdenträger bestimmt waren. Die berühmtesten Sung-Keramiken waren die *Dingyao* aus dem Norden des Landes. Sie hatten einen dünnen, weißen Scherben und waren mit elfenbeinfarbener Glasur überzogen. Noch gesuchter waren die *Ruyao*. Mit ihrem feinen Material, der schimmernden Oberfläche und ihren sublim nuancierten Farben waren sie – so scheint es – einer sehr kleinen Elite vorbehalten.

Diese kostbare und nur in wenigen Stücken hergestellte Keramik stellte jedoch nur die Spitze des Eisbergs dar. Dahinter lag der gesamte Bereich der Gebrauchskeramik, wie zum Beispiel das Steinzeug aus Cizhou. Dieses imitierte oft die *Dingyao,* und weil es ein Exporterfolg war, wurden dafür bald Werkstätten im Süden, nahe der Außenhandelszentren gegründet.

Der Schritt zum Porzellan wurde mit der Entdeckung von Kaolinvorkommen in Jingdezhen in der Provinz Jiangxi vollzogen. Dieses Kaolin, vermischt mit einer Petunze genannten Masse (chinesisch *baidunzi*, wörtlich: kleiner weißer Ziegel), machte die Produkte sowohl ansehnlicher als auch widerstandsfähiger: wichtige Voraussetzungen für den erfolgreichen Export. Aber das Porzellan war nicht nur stabiler als die bis dahin übliche Keramik, sondern auch unempfindlicher als das andere wichtige Exportgut, die Seidenballen. In den Laderäumen der Dschunken stellten die schweren Porzellankisten zudem eine Art Ballast dar.

Die Produktionszentren lagen zum größten Teil südlich des Yangzi und waren durch ein dichtes Netz von Wasserstraßen miteinander verbunden. Um den Yangzi als »Rückgrat« wurden vom 10. Jahrhundert an rund 50 000 Kilometer an schiffbaren Wegen erschlossen. Unendliche Züge von Lastkähnen brachten auf ihnen die Waren aus dem Landesinneren in die Zwischenlager entlang der Küste. Von da wurden sie mit Dschunken außer Landes gebracht.

Die chinesische Handelsmarine vom 10. bis zum 16. Jahrhundert

Die auffälligste Eigenart der chinesischen Handelsmarine war, entsprechend der Größe des Reiches und dessen unterschiedlichen Regionen, die Vielfalt der Schiffstypen. »Jede Präfektur, jede Unterpräfektur«, stellt der Historiker Jacques Dars fest, »hat ihre Typen an besonderen Wasserfahrzeugen.« Sie reichten vom einfachen Sampan (etymologisch *Sanban*: drei Bohlen) bis zu riesigen, über 130 Meter langen hochseegängigen Schiffen, den *Baochuan*.
Der Marokkaner Ibn Battûta, der 1346 in Kanton eintraf, bewunderte sowohl den Komfort als auch die Größe dieser Schiffe. Er beobachtete »Vierdecker mit Zimmern, Kabinen und Salons für die Kaufleute; eine Kabine besteht aus kleinen Zimmern und Waschräumen und kann mit einem Schlüssel von ihrem Bewohner, der seine Frauen und Sklaven mitbringt, abgeschlossen werden. Es kommt oft vor, daß sich jemand in seiner Kabine aufhält, ohne daß einer der an Deck Befindlichen seine Anwesenheit bemerkt, bis sie sich – in irgendeiner Gegend angekommen – begegnen. Die Seeleute lassen in diesen Kabinen ihre Kinder wohnen; sie bauen dort in Holzkübeln Küchenkräuter, Gemüse und Ingwer an«. Man muß sich vorstellen, daß sich an Bord dieser Schiffe Hunderte von Menschen aufhielten, dazu kamen Frachtgüter, die uneinheitlich und schwierig zu verstauen waren. Die Quellen berichten von Löwen, Leoparden, Büffeln, Giraffen, Flußpferden und Elefanten, die auf den Schiffen transportiert wurden.
Die Bauweise der Schiffe reifte in mehreren hundert Jahren zu immer größerer Perfektion. Ihre Basis war ein robuster Rumpf, dessen Form eher von einer Ente als von einem Fisch inspiriert scheint und der sich eher gleitend auf der Oberfläche als das Wasser teilend bewegt. Der Boden war abgerundet oder flach. Der Bug lief nicht in einen spitzen Vordersteven aus, sondern endete abrupt in Form eines Rechtecks. Wenn der Bodenrahmen an Land fertiggestellt war, wurde er zu Wasser gelassen. Erst dort bekam er »Mauern«, das heißt Balken, Querbalken und Wände. Die Planken überlappten sich, so beschrieb es Marco Polo, »auf der ganzen Länge des sorgfältig mit Werg von beiden Seiten abgedichteten und mit guten Eisennägeln zusammengefügten Schiffskörpers«. Diese klare Arbeitsweise erleichterte den Einbau von vertikalen, wasserdichten Schotten, deren Vorteile der Venezianer Marco Polo ebenfalls schilderte: »Gewisse Schiffskörper, und zwar die größten, haben außerdem gut dreizehn Kammern, das heißt innere Abteilungen, aus starken, fest gefügten Planken. Wenn es also zufällig passiert, daß der Schiffskörper an irgendeiner Stelle bricht,

entweder durch einen Zusammenprall mit einem Felsen oder den Schlag eines Walfischs auf der Suche nach Nahrung (...), und das Wasser durch das Loch in den Laderaum eindringt, dann finden die Matrosen den Ort, an dem der Schiffskörper zerstört ist, und bringen die Waren in andere Kammern: denn das Wasser kann nicht von einer Kammer in eine andere laufen, so fest sind sie verschlossen.« Die vertikalen Verstrebungen waren zudem das Gerüst, auf dem ein oder mehrere Decks aufgestockt wurden.

Auf diesen wiederum wurden dann bis zu fünf Masten befestigt. Das Segelwerk bestand meist aus geflochtenem Bambus und war horizontal in Segmente unterteilt. An jeder Querstrebe war es mit einem Ring am Mast befestigt – eine ebenso simple wie praktische Konstruktion. Das Segel ließ sich auf diese Weise von nur einem Mann auf- und abziehen wie ein Vorhang an einer Stange. Zudem verteilten die Ringe den Druck auf die ganze Länge des Mastes und die Segmentierung verhinderte das Flattern des Segels.

Die Dschunken waren sehr wendig, auch dank des beweglichen Steuerruders, einer außergewöhnlichen Erfindung. Archäologische Grabungen an der Stelle der ehemaligen Werft von Longjiang bei Nanking (Nanjing) brachten 1962 ein Steuerruder von elf Metern Länge mit einem sechs Meter langen Blatt zutage. Ein zusätzliches Ruder, das *Sao*, war zudem am Bug angebracht. Es hatte die Form eines Messers mit langem Heft und wurde mit dem Steuerruder am Heck koordiniert.

Schließlich verfügten die Dschunken noch über Anker, die am Bug in speziellen Kästen untergebracht waren. Mittels Winden und an Seilen aus Pflanzenfasern wurden sie eingeholt. Zur Stabilisierung auf hoher See konnte man zudem bewegliche Anker werfen, die sich an den Seiten befanden, und – um die Kraft der Wellen zu vermindern – ein Wehr aus gespaltenem Bambus rund um den Schiffsrumpf legen.

Außer den seetauglichen Dschunken entwickelte die chinesische Marine auch wissenschaftliche Instrumente, die ihr gegenüber anderen Seefahrernationen für vier Jahrhunderte Überlegenheit sicherten. Das wichtigste dieser Hilfsmittel war der Kompaß, der in Texten erstmals zu Beginn des 12. Jahrhunderts erwähnt wurde. Europa registrierte ihn Ende des 12. Jahrhunderts, verwendete ihn tatsächlich aber erst im 14. Jahrhundert. Der chinesische Autor Zhu Yu dagegen schrieb schon 1119: »Die Steuermänner erkennen ihre Position nachts, indem sie die Sterne betrachten, und am Tag durch Betrachtung der Sonne. Bei bedecktem Wetter beobachten sie den *Zhinanzhen*, die Nadel, die den Süden zeigt.«

Etwas später, 1225, maß der Autor Zhao Rugua dem Instrument sogar noch größere Bedeutung bei. Er sagte, »daß man den Kompaß Tag und Nacht aufmerksam beobachten muß, denn Leben und Tod hängen vom geringsten Irrtum ab«. Zusätzlich zum Kompaß waren die chinesischen Seeleute seit Beginn des 12. Jahrhunderts fähig, nach den Sternen zu navigieren, und man weiß heute zudem, daß bestimmte

Schiffe mit einem *Wangdou* oder Polarsternfernrohr ausgestattet waren. Die Windgeschwindigkeit wurde mit Hilfe eines Holzgegenstands, der vom Bug zum Heck geworfen wurde, gemessen. Die Wassertiefe stellte man mit einem *Tao*, einem Senkblei, fest, das mit Wachs oder Talg eingeschmiert war und mit dessen Hilfe man Proben vom Meeresboden entnahm. Zusätzlich nutzte man Informationen aus einem reichen kartografischen Bestand sowie aus Reiseberichten. Am Beginn des 12. Jahrhunderts besaß China jene intellektuellen Mittel, die sein Wirtschaftsreich begründeten.

Der chinesische Seehandel (10. bis 16. Jahrhundert)

Schon die Tang-Dynastie (618–907) hatte sich für die Entwicklung des Außenhandels interessiert – bevorzugte allerdings den Landweg. Die See wurde in dieser Zeit von den Arabern beherrscht, die eine Verbindungslinie zwischen Gibraltar und Kanton (Guangzhou) aufbauten. Im Osten spielten vor allem die Inder eine herausragende Rolle. Über den Handel verbreiteten sie ihre kulturellen und religiösen Werte – durch sie drang der Buddhismus von der Küste aus in Zentralchina ein.

Erst die Schließung der Seidenstraße sowie der erzwungene Rückzug der Chinesen nach Süden sollte die wirtschaftliche Expansion einleiten. Eine Tatsache ist bemerkenswert: Vor den Tang und unter ihrer Herrschaft mußte ein chinesischer Pilger ein ausländisches Schiff nehmen, während von der Mitte der Sung-Zeit an die Europäer, die nach China kamen, zwangsläufig chinesische Dschunken benutzen mußten. Die große internationale Seefahrt war jetzt Sache der Chinesen.

Der Seehandel unter der Sung-Dynastie

Mit dem Beginn der Sung-Zeit fing die Staatsmacht an, sich für den Seehandel zu interessieren. Um Steuern einzutreiben, entwickelte sie einen speziellen gesetzlichen Apparat. Taizu, der Gründer der neuen Dynastie, richtete 971 ein »Amt für ausländische Schiffe« in Kanton ein, und wenig später sollten ähnliche Institutionen in den Provinzen Zhejiang und Fujian folgen – die berühmteste wurde 1073 in Quanzhou eröffnet. Um den Außenhandel anzuregen, wurde im Jahr 988 eine Mission mit acht Würdenträgern ausgesandt. Mit versiegelten Briefen und großzügigen Geschenken ausgestattet, sollten sie ausländische Händler nach China bringen. Später gab die Staatskasse sogar besondere Kredite zur Organisation von »Gute-Reise«-Festen – großen Banketten, zu denen ohne Unterschied chinesische und ausländische Reeder, Steuermänner und Seeleute eingeladen wurden.

Parallel zu diesen Fördermaßnahmen suchte der Staat Kontrolle über die Geschäfte auszuüben und illegale Unternehmungen von Reedern zu unterbinden. Im Jahr 976 etablierte die Regierung einen »Obersten

Gerichtshof für den Handel«, das *Queyiyuan*, das die legislative Macht für den Seehandel ausübte. Der Handel mit bestimmten Luxusgütern wie Schildpatt, Elfenbein, Rhinozeroshörner, Korallen und Karneol wurden strikt reglementiert. Sie sollten nur dem Hof zugute kommen. Andere Waren wurden verboten, 40 weitere mit einem mehr oder weniger strengen Monopol belegt.
Auf jeden Fall aber wurden die Schiffe bei Abreise und Ankunft einer Inspektion unterzogen. Das »Zollamt« errichtete für diese Kontrollen extra Schranken, *Bianlan*. Für den Export stellte es Frachtbriefe, sogenannte *Quanquan*, aus; die Papiere für den Import wurden *Gongpin* genannt. Vergeben wurden die Bescheinigungen jedoch erst, nachdem die Händler eine Steuer von 20 bis 40 Prozent des Warenwertes entrichtet hatten. Dieser nicht zu unterschätzende Zuschuß für die Staatskassen wurde zum großen Teil für den Verteidigungshaushalt verwendet. Im Jahr 1159 machte er fünf Prozent des Gesamtetats aus.
Wichtige Quellen für die Sung-Zeit sind die *Sungshi* und *Sung huiyao* genannten Annalen. Neunzehn südostasiatische Länder werden darin als abgabenpflichtig aufgelistet. Die Dauer der Seereise wird mit sieben Tagen nach Champa (Zentralvietnam) angegeben, fünf Tagen nach Sri Vijaya (Reich auf Sumatra), drei zu der philippinischen Hauptinsel Luzon. Im Jahr 1003 etwa verschickte China Kupfer als Gegenleistung für exotische Waren, im folgenden Jahr Geschirr aus Gold und Silber sowie Seidenbanner. 1011 wurde die Ankunft eines auf Gold gravierten Briefes festgehalten, zu dem noch tropische Produkte wie Kampfer, Giraffen, Schildkrötenpanzer, Paradiesvögel und ein Sklave kamen.
Neben amtlichen Schreiben sind auch unabhängige Informationsquellen überliefert. Eine der interessantesten ist das *Pingzhou ketan* von Zhu Yu. Es beschränkt sich nicht auf Warenlisten, sondern schildert auch das Leben auf den Groß-Dschunken. So lesen wir, daß »der Hohlraum des Schiffes in unterschiedliche Geschäfte für die Händler aufgeteilt ist. Jedem steht ein besonderer Raum zu«. Und wir erfahren, wie man die Keramik, das bedeutendste aller Exportgüter, verstaute: »Die großen Stücke werden verpackt und die kleinen in die großen gestapelt, so daß kein freier Raum bleibt.«
Der am besten dokumentierte Autor allerdings ist Zhao Rugua. Anfang des 13. Jahrhunderts hatte er den Posten des Superintendenten für den Seehandel im Hafen von Quanzhou inne. Er war ein privilegierter und gut informierter Beobachter und stellte anhand von Untersuchungen eine umfassende Übersicht der Porzellane und ihrer Adressaten auf. Neugierig auf alles, was die Händler brachten, befragte er sie teilweise persönlich auf den Hafenkais.
Zhao Rugua unterschied zwei Hauptrichtungen des Seehandels, die Ostroute mit Taiwan, Luzon, Sulu und Sulawesi und die Westroute mit Champa, Malakka, Indien und Sansibar.

Der Seehandel unter der Yuan-Dynastie und zu Beginn der Ming-Dynastie

Diese Grundstrukturen des Seehandels änderten sich auch nicht nach dem Sieg der Mongolen. Obwohl dieses Ereignis am Ende des 13. Jahrhunderts einen tiefgreifenden Einschnitt in die chinesische Geschichte bedeutete, herrschte in der Seefahrt weitgehend Kontinuität. Zwar kehrte ein Großteil der Verwaltung den neuen Herrschern der Yuan (1279–1367) den Rücken, doch einzelne wie Pu Shougeng, der Oberverwalter des Hafens von Quanzhou, arrangierten sich mit dem neuen Regime. Zudem griffen die Mongolen auf Außenseiter zurück, um ihre Macht zu festigen. Einer davon war Marco Polo. Für fast zwanzig Jahre arbeitete er als eine Art Inspekteur im Dienst der Geheimpolizei. Ein weiterer Ausländer in China war der in Tanger gebürtige Ibn Battûta, der etwa 60 Jahre nach dem Venezianer ins Land kam. Er besuchte die Häfen von Kanton und von Quanzhou. Daneben engagierten die Yuan zwei bekannte, ehemalige Piraten namens Zhu Qing und Zhang Xuan. Die beiden machten sich maßgeblich um den Aufbau einer großen Handelsflotte verdient, die vor allem deshalb nötig wurde, weil die Mongolen ihre Hauptstadt sehr weit entfernt von den Getreidespeichern des Yangtse angesiedelt hatten: in Dadu, dem heutigen Peking. Die Yuan forcierten zwar auch den Ausbau der Landwege, der Transport per Schiff erwies sich jedoch als günstiger. Kein Land der Welt konnte in jenen Jahren eine so große Tonnage vorweisen wie China.

Bereits die Sung-Texte erwähnten eine beeindruckende Zahl von Handelskontakten mit weit entfernten Ländern: Ostafrika, dem Mittleren Osten, Java, den Khmer-Königreichen, den Philippinen und anderen. Die Yuan forcierten nun diese wirtschaftlichen Aktivitäten weiter. Dreiundzwanzig Erlasse zur Erleichterung des Handels wurden herausgegeben, und Qubilai (Kublai Khan) lud die zehn wichtigsten Mächte Südasiens offiziell zu Handelsbeziehungen ein. Als wirksamstes Instrument erwies sich jedoch eine Steuersenkung von 40 Prozent des Warenwerts auf 10 Prozent. Für die gängigen Waren sanken die Abgaben sogar auf 7,5 Prozent. Obwohl die Mongolen keinerlei Erfahrung in Handelspolitik hatten, begriffen sie schnell, welche immensen Einkünfte sie aus dem Seehandel ziehen konnten.

Hintertrieben wurden diese Maßnahmen allerdings durch Korruption im Inneren des Staates. Ein großer Teil der Einnahmen landete in den Taschen der einflußreichen Familien.

Über den Erfolg des blauweißen Porzellans in jener Epoche erfahren wir vor allem aus den Schriften des Wang Dayuan, einer Art Globetrotter. Sein Werk ist klarer als das von Marco Polo und weniger anekdotisch als das des Hafeninspektors Zhao Rugua. Wang Dayuan reiste mehrmals für lange Jahre durch Südasien und über den Indischen Ozean und berichtete detailliert über die Tätigkeit der Kaufleute wie auch über die Länder, die er besuchte. Porzellan bezeichnete er mit dem Wort *Qingbaihua*, wörtlich: Dekor aus blauen und weißen Blüten. Dieser neue Typus war relativ kostspielig und wurde vor allem in die reichen Handelsstädte Indiens, Javas, des Mittleren Osten, der malaysischen Halbinsel und bestimmter philippinischer Inseln exportiert. Bei Wang Dayuan finden wir auch eine sehr interessante Preisliste für das Jahr 1368. In ihr verglich er auf *Guan*-Basis, einer Papiergeldeinheit, verschiedene Handelsgüter. Achtzig *Guan* entsprachen tausend Kupfermünzen, ein Porzellangefäß kostete ein *Guan*, ein Krug zehn *Guan*. Im Vergleich dazu: Eine Ente war vier *Guan* wert, ein Schwein achtzig *Guan*, eine Rolle Seide war 250, ein Pferd 800 wert.

Nachdem die Mongolen vertrieben waren, fand China mit Hongwu wieder eine rechtmäßige, chinesischstämmige Dynastie – die Ming. Der Herrscher richtete seine Hauptstadt in Nanking (Nanjing) ein und machte sich daran, das von den Eindringlingen ruinierte Land wieder aufzubauen. In der ersten Zeit sah es so aus, als verfolgte er einen Weg des Isolationismus. In der Tat betrieb er eine eher zwiespältige Politik. Einerseits griff er zu protektionistischen Maßnahmen für den chinesischen Handel, andererseits empfing er ab 1369 zahlreiche ausländische Botschafter: zunächst die seiner nächsten Nachbarn, Korea, Japan und Champa, im Laufe der folgenden Jahre dann die jener Länder, mit denen China traditionell diplomatische Beziehungen pflegte. Im Jahr 1402, als Yongle den Thron bestieg, hatte China seine Lebenskräfte erneut gefunden und rechnete damit, seine alte Größe wieder zu erreichen. Der neue Herrscher nahm vor allem zwei gewaltige Großprojekte in Angriff: die Errichtung einer neuen Hauptstadt in Peking, eine Baustelle, die über rund zwanzig Jahre bestehen sollte, und die Entsendung von See-Expeditionen. Dabei handelte es sich um ein Prestigeunternehmen, das gleichzeitig militärische Expedition, diplomatische Reise und Handelsfahrt war. Seine Leitung wurde einem jungen Admiral muslimischer Religion übertragen, einem gewissen Zheng He (1371–1434). Sieben Mal stach er zwischen 1405 und 1433 in See. Seine Flotte bestand aus 62 Groß-Dschunken mit über 130 Metern Länge, 27 000 Mann und 200 Begleitfahrzeugen. Die erste Reise führte von Champa über Ceylon zu der Stadt Calicut und dauerte zwei Jahre. Während der zweiten Fahrt von 1407 bis 1409 hielt sich Zheng He lange in Indien auf. Noch heute zeugen Stelen, die er dort errichten ließ, von der Unterwerfung einiger indischer Staaten. Von 1409 bis 1411, nach einem Aufenthalt in Siam, fielen die Chinesen militärisch gleichzeitig in Malakka und in Ceylon ein. Mit der vierten Expeditionsreise erreichten sie auf der Höhe Somalias die Ostküste Afrikas. Die fünfte und sechste der Reisen befaßten sich mit der Ausdehnung des Ming-Reiches im Indischen Ozean. Die siebte Reise sollte die Chinesen schließlich nach Dschidda führen, von wo aus eine Delegation Mekka erreichte.

Zheng Hes Reisen markieren die weiteste Ausdehnung des chinesischen Einflusses zur See. Danach förderten die Ming-Behörden den internationalen Seehandel nicht mehr. Mit einer Reihe von kaiserlichen Edikten in den Jahren 1436–1449 wurde der Verkauf von Blauweißporzellan genehmigungspflichtig und die Ausfuhr reglementiert.

So war zum Beispiel festgelegt, daß die ausländischen Gesandtschaften, die in die Hauptstadt kamen, »nicht mehr als 50 *Kati* Tee und 50 Sets Porzellangedecke erwerben können«. Trotzdem ließ sich der chinesische Handel, vor allem mit Südostasien, nicht vollständig kontrollieren. Besonders die Auslandschinesen bereiteten den Behörden Probleme. So klagt ein amtlicher Bericht: »Es gibt unlautere Händler, die außerhalb der Reichsgrenzen exportieren, Seide, Brokate, verschiedene Textilien, Geschirr, Porzellane, Eisen und viele andere Produkte. (...) Sie erhalten im Gegenzug Gold und Silber. Auf dem Rückweg verbrennen sie dann ihr Schiff und ergreifen schnell die Flucht.« Vor allem der Handel mit Porzellan wurde immer lukrativer. Während eines Jahrhunderts stiegen die Preise vor allem für Blauweißware kontinuierlich an.
Unter diesen Bedingungen erscheinen die ersten europäischen Schiffe im asiatischen Blickfeld. Am Ende der Zhengde-Periode (1506–1521) trieben portugiesische Karaken an der Südküste Chinas heimlich Handel. Die Museen in Portugal bewahren aus dieser Zeit noch beredte Zeugnisse – wie die berühmte Kanne mit dem Wappen von Dom Miguel I. Sie ist mit einer aus Ringen zusammengesetzten Kugel, einer Armillarsphäre, geschmückt und trägt den Spruch »In Deo Spero«. Sie wurde um 1517 hergestellt und ist die älteste bekannte europäische Auftragsarbeit in China. Heute ist die Kanne in der Fundagão Medeiros e Almeida in Lissabon zu sehen. Erste offizielle Kontakte entstanden erst wieder ab 1557 mit der Errichtung des Kontors in Macau. Und die Produzenten in Jingdezhen und die Töpfer von Shantou paßten sich langsam an den Geschmack der Neuankömmlinge an. Mit der Wanli-Periode (1573–1619) erschien eine neue Art Porzellan, sogenanntes »Kraak-porselein«, wörtlich: Karaken-Porzellan. Dessen Teile sind leicht, glänzend, mit schönen Abstufungen von Saphirblau bis Silbergrau. Die Formen sind vorwiegend offen und flach, und der Dekor ist schnell gezeichnet. Dieser Typ, der sehr gut auf europäische Tische paßte, wurde oft mit Silber aus der Neuen Welt kombiniert und trug dazu bei, daß die Keramik in das industrielle Zeitalter eintrat. Die chinesische Handelsmarine führte diese Transporte jedoch nicht mehr durch. Sie lagen jetzt ganz in europäischen Händen.

Aoyama, S. Historical Materials of Social and Economical Studies in the *Geographical Monographs of the Sung and Yuan Periods. Tôyô gakuhô* 25/1938, p. 281-297

Aoyama, S. Rikkyokuan shosô no yuchizu ni tsuite. *Tôyô gakuhô* 37/1955, S. 471-499

Audemard, L. Les jonques chinoises, 6 Bände, Publicaties van het Museum voor Land- en Volkenkunde en het Maritiem Museum »Prins Hendrik«, Rotterdam, 1957-1965

Balasz, E. La bureaucratie céleste, Paris, Gallimard, 1968

Bao Zunpeng Zhongguo kaijun shi, 2 Bände, Taibei, 1969

Bidder, H. Das Seetransportwesen der chinesischen Regierung. *Vierteljahresschrift für Sozial- und Wirtschaftsgeschichte* 45/1921, S. 773-813

Boxer, C.R. The Portuguese Seaborne Empire, 1415-1425, 1969

Chaunu, P. Les Philippines et le Pacifique des Ibériques, Paris, S.E.V.P.E.N., 1959

Dars, J. La marine chinoise du Xe au XIVe siècles, Paris Economica, 1992

Din, Ta-san/Munido Olesa El poder naval chino desde su origine hasta la caída de la dinastia Ming, Barcelona, 1965

Donnelly, I.A. Early Chinese Ships and Trade. *China Journal,* 3/1925, S. 190-198

Duyvendak, J.J.L. China's Discovery of Africa, Arthur Probsthain, London, 1949

Foccardi, G. The Chinese Travellers of the Ming Period, Wiesbaden, 1986

Gernet, J. La vie quotidienne en Chine à la veille de l'invasion mongole, 1250–1276, Paris, Hachette, 1959

Gernet, J. Le monde chinois, Paris, Armand Colin, 1972

Gibb, H.A.R. The Travels of Ibn Battûta, A.D. 1325-1354, 2 Bände, Cambridge, 1962

Godinho, V.M. L'économie de l'empire portugais aux XVe et XVIe siècles, Paris, S.E.V.P.E.N., 1969

Hirth, F./Rockhill, W.W. Chao Ju-kua. His Work on the Chinese and Arab trade in the XIIth and XIIIth Centuries, Entitled »Chu Fan Chih«, Imprimerie de l'Académie des Sciences, 1911, Sankt-Petersburg, Neuausg.

Katô, S. On the Hang, or the Association of Merchants in China, with special reference to the Institution in the Tang and Sung periods, Neuausg., Kyôtô, 1950

Kuwabara, J. On P'u Shou-keng, a man of the Western regions, who was Superintendant of the Trading Ships Office in Ch'üan-chou towards the end of the Sung dynasty. *Memoirs of the Research Department of the Tôyô Bunko* 2/1928, S. 1-79 und 7/1935, S. 1-104

Lelièvre, D. Le dragon de lumière, France-Empire, Paris, 1996

Lévesque, R. The Philippines, Pigafetta's story of their Discovery by Magellan, Gatineau, Québec, Editions Lévesque, 1980

Lo Jung-pang The Emergence of China as a Sea Power During the Late Sung and Early Yuan Periods. *Far Eastern Quarterly* 14/1955, S. 489-503

Lo Jung-pang The Decline of the Early Ming Navy. *Oriens Extremus* 5/1958, S. 149-168

Mills, J.V.G. Ma Huan. Ying-yai sheng-lan: The Overall Survey of the Ocean's Shores, Hakluyt Society, Cambridge, 1970

Moule, A.C. Qinsai, with other notes on Marco Polo, Cambridge, University Press, 1957

Needham, J. The Chinese Contributions to the Development of the Mariner's Compass. *Actas do Congresso Internacional de História dos Descobrimentos,* vol. 2, S. 311ff., Lissabon, 1961

Needham, J. The Chinese Contributions to Vessel Control. *Actas do Congresso Internacional de História dos Descobrimentos,* vol. 2, S. 325ff., Lissabon, 1961

Needham, J. Science and Civilisation in China, vol. IV, pt. 3, 29. Nautical Technology, S. 379–928, Cambridge, 1971

Paris, P. Quelques dates pour l'histoire de la jonque chinoise. BEFEO 46/1952, S. 267-278

Pelliot, P. Les grands voyages maritimes chinois au début du XVe siècle, *T'oung Pao* 30/1933, S. 237–452

Sauvaget, J. Relation de la Chine et de l'Inde ('Ahbār aṣ-Ṣīn wa l-Hind), Paris, Les Belles Lettres, 1948

Schurz, W.L. The Manila Galleon, Reprint der Ausgabe von 1939, New York, Dutton, 1959

Shi Wenji The Establishment of Office the Superintendant of Merchant Shipping in the Sung dynasty and its Duties, Inaugural Edition, Taiwan, 1957

Sun Bao Policies on Maritime Trade during T'ang, Sung and Yüan dynasties, Taiwan, 1954

Thomas, L.F. Le Portugal et l'Afrique au XVe siècle: les débuts de l'expansion. *Arquivos de centro cultural portugué,* 26/1989, Lisboa-Paris

Wheatley, P. Geographical Notes on some Commodities involved in Sung Maritime Trade. *Journal of the Malayan Branch, Royal Asiatic Society* 32/1959, S. 5-140

Xu Yu-fu The Map of Cheng Ho's Expedition, Studies on Ming and Ching Histories. *Da Lu Magazine,* Taiwan, 1967

Zhou Shide The »Treasured Ships« of Cheng Ho, as seen from the rudder discovered. *Wenwu* 1962, 3, Peking

Monique Crick

Die Fracht der fünf Dschunken

Eine Einführung in die Kunst der Keramik von China, Vietnam und Thailand

»Die Brücken der Dschunken sind mit irdenen Krügen, Töpferware, weiten Porzellanvasen, Tellern und Schalen bedeckt und mit einigen Krügen aus feinem Porzellan, das sie Sinoratas nennen.«

8. Mai 1570, Salcedo.

Breaker Reef, Investigator Shoal, Lena Shoal, San Isidro, Royal Captain - diese fünf Namen von Dörfern oder Riffen der Philippinen verweisen auf eine Epoche, die zu Recht das »Zeitalter des Porzellans«[1] genannt wurde.
Schon seit einem Jahrhundert ziehen Funde von Porzellan und Steingut in Grabern der vorspanischen[2] Zeit die Aufmerksamkeit von Völkerkundlern, Archäologen und Historikern auf sich. Die Objekte halfen zunächst bei der Erforschung der Siedlungsgeschichte und berichteten von Reisen, Handel und Bräuchen des Landes Ma-i (so lautet der alte chinesische Name für die Philippinen). Seit den sechziger Jahren wurden die Funde auch unter künstlerisch-ästhetischen Gesichtspunkten betrachtet.
Für eine systematische Erforschung der Geschichte taugten die Funde jedoch nur bedingt. Die Schicksalsläufe der einzelnen Stücke sind zu unterschiedlich, und deren Datierung bleibt oft schwierig. Die Frachten der fünf Dschunken zeigen uns nun wie »Schnappschüsse« eine Gesamtsicht der Porzellane und Steinzeuge zu einem bestimmten Zeitpunkt. Sie bieten uns die Möglichkeit, die Geschichte der asiatischen Keramik von den Exporten des 11. Jahrhunderts bis zu jenen vom Ende des 16. Jahrhunderts genauer zu zeichnen.
Wie der Handel mit Keramik zwischen China und den Philippinen begann, weiß man dagegen bis heute nicht genau. Man könnte sich vorstellen, daß die ersten Kaufleute, die die Küsten des indonesischen und philippinischen Archipels erreichten, nicht gekommen waren, um Keramiken zu verkaufen. Aber zweifellos hat das Interesse der eingeborenen Bevölkerung an ihrem Bordporzellan das Bewußtsein für dessen Handelswert geweckt. Die Filipinos selbst stellten nur unglasierte Irdenware her. Die chinesische Keramik mit ihren kompakten Formen und ihrer Robustheit mußte für sie einen bemerkenswerten Fortschritt darstellen. Durch die glasierte Oberfläche der chinesischen Produkte konnten organische Reste nicht in die Gefäßwände eindringen und den Geschmack der Lebensmittel verändern. So wurden die großen Tonkrüge für die Inselstämme das ideale Behältnis für Lebensmittel, Wasser und Alkohol.
Wie schon Bernard Philippe Groslier[3] bemerkt hatte, lebten die Völker Südostasiens auf den Boden gekauert, und auch ihr Hausgerät stand auf dem Fußboden. Die Chinesen paßten ihre Exportproduktion den Bedürfnissen der überseeischen Kundschaft an. Die Fracht der fünf Dschunken spiegelt diese Besonderheit wider. Die großen Teller mit ihrem standfestem Fuß sind auf den unebenen Böden der Behausungen leicht zu handhaben. Tassen, Schalen und Schälchen sind an die regionalen Essensgewohnheiten angepaßt.

Die chinesische Keramik

Die Geschichte der Keramik beginnt in China mit dem Neolithikum, aber erst seit dem 15. Jahrhundert vor unserer Zeitrechnung kommen Glasuren auf. Sie entstanden zunächst durch Zufall, wenn während des Brennvorgangs Asche auf die Stücke fiel. Aus dieser Beobachtung entwickelten die Töpfer die ersten bewußt hergestellten Glasuren.
Farbe und Aussehen der Oberflächenversiegelung sind abhängig von den Rohstoffen, besonders dem Eisenanteil. Aus dem Eisenoxid resultiert eine ganze Palette von Farb-

tönen. Beim Reduktionsbrand, in einem Feuer mit weniger Sauerstoff und starkem Anteil an Kohlenoxid, entwickelt es kalte Blautöne. Bei einem sauerstoffreichen Feuer entsteht entweder ein elfenbeinfarbener oder ein brauner Farbton. Mit der Weiterentwicklung der Öfen durch die Jahrhunderte und der immer besseren Kontrolle der Brände konnte die Farbgebung schließlich bis in die feinsten Nuancen beherrscht werden.

Schlichtheit und Eleganz, die Sung-Töpferkunst (960–1278)

Zu den Keramiken der Breaker- und Investigator-Dschunken

Die Kunst der Sung-Töpfer zeichnet sich neben ihrer Eleganz und Reinheit auch durch die Vielfalt ihrer Stile aus. Weißes Steingut, grün glasierte Steinzeuge oder Seladon und Steinzeug mit brauner Glasur wurden über Jahrhunderte nebeneinander produziert, oft sogar in den gleichen Regionen.

Die Keramik, bis zu diesem Zeitpunkt als niedere Kunst betrachtet, wurde nun, während der Sung-Zeit, auch als Ausdruck von Spiritualität verstanden. Ein gebildetes Publikum, das sich leidenschaftlich mit Fragen der Ästhetik befaßte, goutierte die Eleganz und Ausgewogenheit der Formen, die Klarheit der Linien, die Übereinstimmung von Form und Dekor. In dieser Epoche entstanden auch jene Bezeichnungen für die Keramik, die bis in unsere Tage gelten.

Schon während der Sung-Zeit nahm die Herstellung der Keramik industrielle Formen an. Agrarreformen ermöglichten es den Bauern, sich nun in den Städten oder auch in ihrer Region als Industriearbeiter zu verdingen. Einige von ihnen arbeiteten auch zwischen den Anbauzyklen als Töpfer.

Die Produktionszentren, von denen nur wenig Überreste erhalten sind, dürften aus mehreren Schuppen ohne Mauern bestanden haben. Im Norden des Landes entwickelten sich die Werkstätten in der Nähe von Ton- und Kohlevorkommen. Im Süden bevorzugte man einen Standort in der Nähe von Hügeln, die das benötigte Brennholz lieferten. Unabdingbar für den Abtransport der Ware war auch ein nahe gelegener Flußlauf.

Eine große Werkstatt bestand aus mehreren Brandöfen. Im Norden war vor allem der Mantuofen mit einer Brennkammer und umgekehrter Flamme verbreitet. Er wurde in den Löß eingegraben oder aus Ziegeln konstruiert. Er hatte einen Durchmesser von drei oder vier Metern, war aber trotz seines begrenzten Fassungsvermögens sehr leistungsfähig. Durch die Isolierung der Brennkammer mit feuerfestem Ton konnten Temperaturen bis 1350 °C leicht erreicht werden. In den südlichen Provinzen benutzte man dagegen vor allem den Drachenofen. Er war wie ein Tunnel aus Ziegeln konstruiert, lag jeweils am Hang eines Hügels und konnte eine Länge von 60 bis 100 Metern erreichen. Das Holz wurde am Fuße des Hügels in den Hauptherd oder durch seitliche Öffnungen zugeführt. Diese Befeuerung eignete sich bestens für Stücke, die einen schnellen Brand erforderten. Die Größe dieses Ofentyps erlaubte das Aufstapeln von Tausenden von Stücken und damit die effiziente Herstellung von riesigen Mengen.

Einer der wichtigsten Fortschritte in dieser Zeit war die Erfindung von Brennfächern aus feuerfestem Ton. Wie Kisten schützten sie die Keramiken gegen Verunreinigungen aus der Ofenatmosphäre und ermöglichten einen gleichmäßigeren Brandverlauf.

Der nächste Schritt waren Brennfächer mit Stufen, in die man die Stücke nach einem ausgeklügelten System hineinstapeln konnte. Die Produktionsmenge konnte so bei gleichzeitiger Senkung der Kosten verfünffacht werden. Das Stapeln in den Öfen hatte auch auf die Keramik Auswirkungen. So wurden Teller am Rand nicht glasiert, damit sie nicht an der Ofenwand klebten. Bei einfacheren Keramiken findet man häufig den Abdruck von Brennhilfen, die die Stücke beim Brand voneinander trennten. Aus dem gleichen Grund ließ man gelegentlich auf dem Boden von Tellern oder Schalen ringförmige Bereiche unglasiert.

Über die Organisation der Arbeit in der Sung-Zeit ist wenig bekannt, aber man nimmt an, daß es bereits Spezialisten für jede Herstellungsphase gab. Nur wenige Töpfer traten aus der Anonymität hervor und signierten ihre Werke.

Die auf das Ende des 11. oder den Anfang des 12. Jahrhunderts[4] zu datierende Breaker-Dschunke ist typisch für die Keramikherstellung am Ende der Nördlichen Sung-Dynastie (960-1127). Ihr Frachtgut umfaßt Seladone verschiedener Provenienzen, Qingbai-Ware, Temmoku-Ware, braune Krüge und Cizhou-Ware.

Die auf das Ende der Südlichen Sung-Dynastie (1127-1279) oder auf die frühe Yuan-Zeit (1279-1368) zu datierende Investigator-Dschunke legt Zeugnis ab über Beständigkeit und Fortdauer bestimmter Stilrichtungen.

Seladon von Zhejiang

Während vieler Jahrhunderte war die Provinz Zhejiang das größte Herstellungszentrum von Keramik[5]. Besonders popular waren die Seladone. Sie sind ein typisches Produkt der Gegend von Yue im Norden von Zhejiang. Obwohl sie auch am Hof von Yue sehr geschätzt wurden, erlitt die Manufaktur nach den Fünf Dynastien (907-960) einen Niedergang. Sie beeinflußte aber die benachbarten Produktionsstätten, deren Ware man heute als »in der Art von Yue« bezeichnet. Die Räuchergefässe oder Lampen gehören zu dieser Gruppe.

Auf einem geschweiften Fuß stehend ist der Becher in acht Felder mit getrennten Fächern geteilt. Ein graviertes Netz umschließt den Rand. Form und Dekor sind einem Prototyp aus Metall[6] nachgebildet. Die Stücke »in der Art von Yue« haben eine feine, rissige, blaugraue oder grüne Glasur auf graubeigem, feinkörnigem Scherben, die alle ein Blütenblattdekor in Relief tragen. Viele von ihnen, wie etwa die Deckeldosen, sind fast bis zum Fuß mit einer rissigen Glasur überzogen, die in den Farbtönen gelbbeige, blaugrün oder olivgrün spielt. Das Innere ist nicht glasiert. Der Deckel der größten Dose trägt einen Greifknopf.[7]

Andere südlich gelegene Öfen, in der Gegend von Longquan, waren zu Beginn ihres Betriebes vom Yue-Stil beeinflußt. Sie machten sich jedoch unter der Südlichen Sung-Dynastie davon frei und entwickelten einen eigenen Stil. In diesem bleibt das Dekor der Form untergeordnet. Das porzellanartige, grauweiße Steinzeug ist mit einer milchigen Glasur überzogen. Die achteckige Platte und die Schale (Seiten 72-73), deren Form aus der Goldschmiedekunst stammt, erinnern an die Produktion dieser einfachen Stücke, die ohne übertriebenes Dekor auskommen, während die Schalen mit leicht eingraviertem, zurückhaltendem Dekor die Beständigkeit der Traditionen dokumentieren.

Von der Produktion der Nachbarregionen angeregt, verlegte sich die Provinz Fujian, die traditionell dem Meer zugewandt war, auf die Herstellung modischer Keramiken für den Außenhandel. Während des zweiten Jahres des Yuanyou-Regimes wurde für die Bedürfnisse des Schiffsverkehrs 1087 ein Seehandelsbüro in Quanzhou eröffnet.

Seladon aus Fujian

Eine Reihe von Öfen wurde an den Flüssen, die in den Hafen von Quanzhou münden, errichtet. Von dort liefen die Dschunken nach Japan und Südostasien aus. Diese Öfen arbeiteten seit Ende der Tang-Dynastie (618-907) und verbreiteten sich unter der Sung-Dynastie immer weiter. Sie stellten Gebrauchsgeschirr, vor allem Teller und Schalen her. Ihr Scherben ähnelte den ersten Seladonen von Longquan. Die dünnwandigen Stücke sind aus hellgrauem Steinzeug gearbeitet, aber nicht so sorgfältig gesäubert und gedreht wie in Zhejiang. Sie tragen eine stark versiegelnde Glasur in dünner Schicht. Sie ist durchsichtig ockergrün und sammelt sich in den Vertiefungen der Gravierung. Das für die Öfen von Tong'an und Nan'an typische Dekor (Seite 65)[8] besteht aus mit dem Kamm eingravierten Linien zwischen Netzmustern am Rand und am Boden. Die Außenwände sind mit gebogenen Linien graviert, die manchmal an die Blütenblätter auf den Arbeiten aus Zhejiang erinnern. Diese in Japan für die Teezeremonie sehr geschätzten Schalen wurden dort von Gelehrten nach einem Teemeister, der sie benutzte, genannt: Qingci – Schalen von Shuko. Im Frachtgut der Investigator-Dschunke sind auch Keramiken ohne Dekor, die manchmal einen Brennring tragen. Diese Produktion wurde nach den Philippinen exportiert (Seite 65). Die Einfachheit dieser für den täglichen Gebrauch bestimmten Stücke bewirkt oft, daß sie nicht von Generation zu Generation weitergegeben und von der Archäologie bislang kaum beachtet wurden.

Seladon aus Guangdong

In Anbetracht der immer größeren ausländischen Nachfrage ließ sich eine bedeutende Zahl von Privatbrennereien rund um das Delta des Perlenflusses in der Provinz Guangdong nieder. Mehr als hundert Werkstätten aus der Nördlichen Sung-Zeit wurden registriert. Ihr Wohlstand stand in engem Zusammenhang mit dem Hafen von Guangzhou. Seit der Förderung des Außenhandels durch die Sung-Regierung war er zum bedeutendsten Hafen Südchinas geworden. Um 1080 wurde über ihn bis zu 80 Prozent des Im- und Exports abgewickelt.

Die Töpfereien von Guangdong brachten sehr unterschiedliche Stile und Qualitäten hervor. Neben für die Region typischen Neuerungen stellten sie auch Gebrauchsgeschirr in der Art der Nachbarprovinzen her. Der große Krug (Seite 66) mit vier Querhenkeln aus hellem Scherben könnte wegen seines soliden Längsschnittes mit den markanten Auskragungen ein Produkt aus Guangdong sein. Das gleiche gilt für die ausgeschnittenen Kannen aus hellem Scherben mit Seladonglasur. Ähnliche Modelle wurden aus den Öfen von Dongping in Huizhou registriert (Seite 57)[9].

Nachdem der Hof unter der Südlichen Sung-Linie nach Hangzhou verlegt worden war, ging die Tätigkeit des Hafens von Guangzhou zugunsten von Quanzhou zurück. Die Keramikindustrie, deren eher grobe Produktion von den Bestellungen der Auslandsmärkte abhing, konnte mit den eleganteren Produkten aus Zhejiang und aus Fujian nicht mithalten und begann zurückzugehen.

Die grauen Scherben haben immer mit den weißen Keramiken konkurriert. Dies gilt, wie Grabforschungen in China und der Mongolei beweisen, für den Binnenmarkt wie auch für den Export. Hierfür ist die Fracht der Breaker-Dschunke ein Beleg.

Die Qingbai aus Jiangxi

Die Technologie der qingbai (übers.: »bläulich-weiß«) oder yingquing (»blau-schattiert«) beruht auf örtlichen Hilfsmitteln. Die Region Jiangxi verfügt in der Tat nahe Jingdezhen über Lager von Porzellanerde. Dieser Ton, der in Europa unter dem Namen Petuntse bekannt ist, wurde fein pulverisiert und den Töpfern in Form von kleinen Ziegeln geliefert. Um die Plastizität zu verbessern, fügten die Handwerker ihm ab dem 12. Jahrhundert auch Kaolin zu, das seinen Namen von den Hügeln von Gaoling, nordöstlich von Jingdezhen hat. Diese Mischung war Grundlage für die außerordentliche Qualität des Porzellans dieser Gegend. Es verdrängte alsbald dasjenige aus Norden, von denen es Formen und Dekore übernahm. Seine Geschichte begann am Ende des 10. Jahrhunderts[10] mit Stücken ohne jedes Dekor, aber feiner Glasur in bläulichem Farbton. Eisenspuren in der Glasur geben ihr jene Tönung, wegen der chinesische Dichter sie mit Jade verglichen. Dekore, vor allem Gravuren, treten erst in der zweiten Hälfte des 11. Jahrhunderts auf. Die flüssige Glasur setzt sich oft darin fest und unterstreicht mit ihrem Schattenspiel das klare, fast kalligrafische Dekor. Die kleinen gelappten Schalen mit abgerundeten Wänden sind ein schönes Beispiel der technischen und künstlerischen Fähigkeiten der Handwerker von Jiangxi.

Rund um ein zentrales Medaillon, in das eine Lotusblüte geschnitten ist, wird ein taoistisches Thema dargestellt: ein Unsterblicher mit einem Heiligenschein, umgeben von einer Schildkröte und einem Kranich, Symbolen der Unsterblichkeit. Auf der gegenüberliegenden Seite steht zur Abrundung des Sujets eine Wolke, und ein geschickt geschnittenes Rankenelement ziert in Spiralen den Rand. Diese Art der Dekorverteilung war in Jingdezhen am Ende der Nördlichen Sung-Dynastie sehr populär.[11] Eine ähnliche Schale, jedoch mit reicherem Dekor, wird im Asian Museum in San Francisco[12] aufbewahrt.

Die Qingbai aus Fujian

Die Handwerker aus Fujian, immer bereit, sich einem expandierenden Markt anzupassen, nahmen alsbald die modischen Muster der Qingbai auf. Sie schufen Stücke gleicher Form und gleichen Dekors, aber aus dickerem Scherben. Dieses solide Porzellan erleichterte nicht nur die Herstellung, sondern auch den Massenverkauf und den Transport in weit entfernte Regionen. Eine Reihe von Schalen (Seiten 58-59) demonstriert die bedeutende Schiffsladung dieses Gebrauchsporzellans aus den Öfen von Tong'an, Anxi, Lianjiang und Minqing.[13] Machart und Farbe sind anders als die der luxuriösen und delikaten Gebilde vom Jiangxi. Die Objekte waren sicher nicht für die gleiche Kundschaft bestimmt. Die Glasur aus regionalen Materialien ist zähflüssiger und läuft unter den Rändern unregelmäßig zusammen. Die Brände ergeben einen manchmal hellblauen Ton, oft ein schönes strahlendes Weiß oder ein Beigegrau. Das wellenlinienförmige Dekor, graviert und dann mit dem Kamm wiederholt, atmet den Charme der Spontaneität.

Besonders die Gegend von Dehua in Fujian entwickelte sich unter den Nördlichen Sung schnell zu einem Zentrum der Qingbai-Produktion. In der unmittelbaren Umgebung von Dehua gab es mehr als dreißig Adern von Porzellanerde bester Qualität. Sie ist aufgrund ihrer chemischen Zusammensetzung wenig plastisch, aber wunderbar geeignet für alle Arten des Formgusses. Diese Technik entsprach genau der vom Markt verlangten industriellen Herstellung. Im allgemeinen wurden die Stücke aus mehreren seitlich oder in der Mitte des Bauches zusammengefügten Teilen geformt. Sie tragen ein durch die Gußform graviertes oder eingepreßtes Dekor unter dünn aufgetragener blaugrüner Glasur. Es gibt Blumenmotive, aufgelegte Lotusblätter oder geometrische Muster. Diese Keramik ist in den archäologischen Grabungen in China kaum zu finden.[14] Sie war hauptsächlich für ausländische Kundschaft bestimmt und daher befreit vom konservativen künstlerischen Stil anderer Öfen.

Die Miniaturflaschen[15] (Seite 62) mit gemusterter Wand finden sich im Rahmen von Gräbern auf den Philippinen, die kleinen Kannen (Seite 52) und die kreisförmigen Schminkdosen mit gerippten Wänden und geteilten Feldern nach Silberwarenvorlagen[16] gehören zu den bekanntesten in Südostasien. Einige Werkstätten treten nun dank der Handwerkersignaturen aus der Anonymität heraus. Der Name der Familie Wang Zhai [17] auf dem Boden einer Dose der Schiffsladung der Breaker-Dschunke ist Beleg dafür. Seltener findet sich der Herstellungsort, wie auf dem Grund einer anderen Dose, wo eine Inschrift aus neun Schriftzeichen in drei Reihen steht, »jian ning fu wang shi wu zhai gong fu«, übersetzt: »begabte Arbeit der Familie Wang aus der Präfektur von Jian ning«. Diese Präfektur an der Kreuzung mehrerer Flüsse entspricht dem gegenwärtigen Distrikt von Jian'ou im Norden von Dehua.[18] Die Ortsangabe auf dem Breaker-Fund deckt sich mit den Ausgrabungen der Ofenstellen.

Mit dem Auftrieb, den der Handel unter der Südlichen Sung- und der Yuan-Dynastie erfuhr, entstanden immer mehr Töpfereien an den Provinzküsten. Um einen hohen Ertrag zu sichern, mieden die Handwerker komplizierte Techniken. Sie bevorzugten feste Formen, die leicht zu handhaben und zu verpacken waren. So erfanden sie zum Beispiel eine kugelförmige Kanne, die aus zwei schalenförmigen Teilen zusammengefügt wurde. Ein angeborener Sinn für Form und Harmonie führt zu ausgeglichenen Schöpfungen mit klaren Silhouetten. Einige Linien, mit Hilfe eines Kamms in lockeren Spiralen auf das Äußere des Gegenstands aufgebracht, genügen zur Schaffung eines rhythmischen Effekts und jenes für die Volkskunst des Fujian so typischen dynamischen Eindrucks (Seite 77). Elegante Schalen in Form von Chrysanthemen und im Stil von Goldschmiedearbeiten[19], kleine Teller und Schalen mit Lotusblüten auf den Außenwänden[20] (Seiten 71, 74 und 76) gehören zu den raffiniertesten Produkten.

Die Qingbai von Guangdong

Die Öfen von Xicun in Guangzhou und von Bijiashan in Chaozhou tragen mit einer Vielzahl von Formen ebenfalls zu der volkstümlichen Produktion von Qingbai bei. Dazu gehört die Kanne mit weißlicher Glasur, deren Ton an den stärkeren Stellen am unteren Halsende und am Henkel leicht ins Grünliche umschlägt (Seite 63). Sie könnte sehr wohl zu den Werken der südlichen Guangdong-Provinz gehören.[21]

Die Keramiken mit brauner Glasur

Die meisten Produktionsorte in China betrieben nebeneinander die Herstellung von Gebrauchsporzellan aus weißem und braunem Scherben. Die Formen und Dekore der Gebrauchsware entwickelten sich nur sehr langsam und bestanden jahrhundertelang fast unverändert fort. Die braunen Krüge mit sehr markanter Auskragung und die weißen Schälchen mit runder Brennmarke (Seite 121; Seite 125) von der Royal-Captain-Dschunke sind beispielhaft für diese zeitlosen Produkte. Auch die kleine Kanne von der San-Isidro-Dschunke[22] (Seite 110) kann zu dieser Gruppe gerechnet werden. Aus den Öfen von Fujian und Guangdong kamen kleine Krüge mit kugelförmigem Bauch zur Aufbewahrung von Gepökeltem und von Duftölen (Seite 48). Die Werkstätten rund um Quanzhou hatten sich offensichtlich auf die Herstellung von Behältnissen aus ziemlich grobem Scherben spezialisiert, wie die Kendis (Seite 64, 75), jene länglichen Flaschen mit kleiner Öffnung, und die Krüge mit Querhenkeln (Seite 50, 67)[23]. Die großen, soliden Krüge, Martaban genannt, deren Herstellung in den Küstenprovinzen bis in unsere Tage lief, dienten als Vorratsbehälter an Bord, aber auch als Verpackung für den Warentransport (Seite 105). Sie bestehen aus Steinzeug und sind mit einer Glasur überzogen, die von spiegelndem Schwarz über Dunkelbraun bis zu Ocker variiert. Eine der bemerkenswertesten Formen brauner Keramik aus Fujian sind die Teeschalen mit unterschiedlichem Querschnitt und dunkler, harter Glasur (Seite 63). Die berühmtesten Öfen standen im Distrikt von Jianyang und stellten Keramiken mit schwarzem, rauhem Körper her. Das war ursprünglich eine volkstümliche Ware einfacher Machart. Der Gebrauch von Tee in allen sozialen Schichten ließ diese Schalen in Mode kommen. Der zu Pulver zerriebene Tee wurde mit einem Besen geschlagen, bis sich auf der Oberfläche der Flüssigkeit ein Schaum bildete. Diese Zeremonie wurde in regelrechten Wettbewerben kultiviert, Gewinner war derjenige, dessen Schaum am längsten stehenblieb! Cai Xiang, Beamter unter den Nördlichen Sung, notiert in seiner »Abhandlung über den Tee« (ca. 1050), daß die braune, fast schwarze Farbe der Schalen die blasse Farbe des geschlagenen Tees hervorhebt und die Wanddicke der Schalen die Wärme hält. Die Zubereitung des Tees war eine gesellschaftlich so wichtige Tätigkeit, daß sie auch in den Wandmalereien der Gräber dargestellt wurde.

Die Öfen stellten zwei Arten Schalen her: solche mit ausschwingender Lippe und solche mit nach oben leicht eingezogener Wandung. Manche Schalen haben eine leichte Rille unter der Öffnung. Diese Produkte gab es nicht nur in Jianyang, mehrere Öfen in Fujian imitierten sie mit beigefarbener Erde. Manche Schalen verdanken den Reiz ihrer schönen Glasur einem Tiefbraun. Andere, in eleganter konischer Form, haben ein Dekor aus khakibraunen Flecken.

Berühmt sind die Schalen mit der gerillten Glasur, der man den Namen »tuhaowen«, »Hasenfell« gab. Historische Quellen berichten, daß der Kaiser Huizong im Jahr 1112 bei einem prachtvollen Bankett Hasenfell-Schalen aus Jianan benutzte. Hat doch der Kaiser selbst in seiner »Abhandlung über den Tee der Daguan-Zeit« geschrieben, daß diese Schalen die begehrtesten sind! Der eigenwillige Effekt entsteht durch das Entweichen von Sauerstoff bei hoher Oxidiertemperatur. Dabei entstehen Blasen, die auf der Glasuroberfläche zerplatzen und dort Spuren von Eisen hinterlassen. Diese Teile der Oberfläche nehmen beim Abkühlen eine andere Farbe an als der Untergrund. Wird der Brand nach der Erhitzungsphase verlängert, fängt die Glasur an zu laufen und macht längliche Flecken, die ineinander übergehen und so das Hasenfellmuster ergeben.

Man kann die »Hasenfell«-Flecken aber imitieren, indem man Eisenoxid mit einem Pinsel auf die Glasur aufträgt. Diese Praxis wurde in Fujian geübt, wo man die Produkte aus dem Norden erfolgreich nachahmte. Mit dem Pinsel über oder unter der Glasur aufgetragen werden auch Vogel- oder Blumenmotive. Aus dieser Tradition stammt der Krug der San-Isidro-Dschunke mit kielförmigem Querschnitt. Trotz des langen Aufenthalts im Meer ist das Unterglasurdekor gut erhalten.

Die Keramiken vom Typ Cizhou

Die sogenannten Cizhou sind die einzigen Stücke der Sung-Keramik, die gemaltes Dekor unter der Glasur verwenden. Die Cizhou bestehen aus robustem Scherben, dessen grauer Körper von einer weißen Engobe verdeckt wird. Die sehr unterschiedlichen Dekore können gemalt, geritzt oder in Relief sein. Die Breaker-Dschunke enthielt eine eher unbekannte Produktion vom Typ Cizhou aus den Südprovinzen. Auch mehrere Öfen aus Guangdong haben mit Eisenoxid bemalte Keramiken geliefert, aber diese Ware weist nicht dieselben Merkmale auf wie die aus der Dschunke.

Zwei Gruppen lassen sich unterscheiden. Die erste umfaßt eine Reihe von gedrehten Vasen, Kannen und Schalen aus hellem, ziemlich dichtem Scherben mit Engobe-Überzug. Sie ist aufgrund ihres Materials gut erhalten. Delikate Rankenornamente mit blühenden Pfingstrosen sind frei aus Eisenoxid mit weißem Grund auf den Bauch einer Keulenvase und einer Kanne gemalt (Seite 56). Diese klassischen Motive sind in reinster nördlicher Cizhou-Tradition ausgeführt, weisen aber abstrahierende Freiheit im Pinselstrich auf, die den Charme der südlichen Arbeiten ausmacht. Der lange Blütenzweig der Kanne findet sich ebenfalls auf den Meiping der japanischen Sammlungen[24] und das Rankenornament mit blühenden Pfingstrosen rund um den Bauch einer Vase in Peking.[25] Auf der Auskragung der Keulenvase steht eine Qualitätsmarkierung, »miao«, »hervorragend«, die sich vielleicht auf den Inhalt bezog. Das andere Dekor ist zusammengesetzt und verteilt sich auf zwei Reihen entgegengesetzter Farben: ein kleiner Pfingstrosenzweig auf beiden Seiten des Halses in Braun auf Weiß gemalt; auf dem Bauch ein graviertes Dekor, das sich von braunem Grund abhebt. Wellenförmige Rankenornamente lanzenförmiger Blätter in die weiße Engobe graviert, sind ausgespart auf den eisenbraunen Untergrund einer Keulenvase gesetzt. Auf eine Kanne ist ein erstaunlicher weißer Phönix graviert, der zwischen Wolken fliegt (Seite 54). Diese Art der Darstellung ist zu dieser Zeit auf den Cizhou unbekannt, ebenso die Verteilung zweier kontrastierender Farbreihen. Die auf weißen Grund gemalten Phönixe in verschiedenen Flughaltungen erscheinen auf den Krügen des 13. Jahrhunderts. Dieser Phönix erinnert aber eher an gravierte Vorlagen auf Seladon aus Yue.[26] Im Inneren der Schalen entfalten sich großzügige weißgelassene Rankenornamente auf braunem Grund: Breite Blätter schmücken den Hintergrund der Wände, oder ein Zweig Pfingstrosen umschließt eine zentrale Blütenkrone. Zwei Schalen sind außen mit Pfingstrosenzweigen dekoriert, in Braun auf weißem Grund. Eine andere unerwartete Besonderheit dieser Produkte ist die Verwendung einer Farbglasur. Spuren grüner Glasur sind auf bestimmten Vasen, Kannen oder Bruchstücken zu erkennen. Aber die beiden Schalenfragmente mit ockerfarbener und grüner Glasur bleiben die herausragendsten Zeugnisse. Die Verwendung einer grünen Farbglasur auf gemaltem Dekor findet sich bei den nordchinesischen Öfen am Ende des 11. Jahrhunderts. Das vollendetste Beispiel ist das Meiping im British Museum in London.[27] Diese Farbglasuren der Tang-Tradition wurden außerdem viel von den Liao-Töpfern (907-1125) in der Mandschurei verwendet, um verschiedene Motive auf einem Stück zu kolorieren. Dieses Prinzip wurde auch auf einem Krug aus dem Cizaoyao-Ofen in Quanzhou zur Darstellung geometrischer Motive angewandt.

Die zweite Gruppe stellt weiße Porzellankannen ohne Engobe dar. Das Originelle an ihnen sind die gegossenen Formen und das Dekor. Auf dem Boden einer achteckigen Kanne finden wir auch eine Töpfersignatur in drei Schriftzeichen, zwei davon sind lesbar: Yang (Familienname) Zhi (Teil des Vornamens). Eine birnenförmige Kanne ist in Relief dekoriert auf braunem Grund, mit einem auf Qingbai oft zu findendem Thema: dem Kind, das inmitten von Pflanzen spielt. Die am besten erhaltene Kanne scheint mit ihrem langen Hals und ihrem Körper mit plastischen Blumenmotiven ebenfalls von Goldschmiedevorbildern inspiriert zu sein (Seite 55)[28]. Man hätte bei diesem eleganten Modell eine Qingbai-Glasur erwartet. Aber ein extravaganter Töpfer hat hier einfach, ohne auf das eingesetzte Dekor zu achten, Pfingstrosenzweige in Eisenbraun hingemalt. Diese Vorgangsweise entspricht absolut nicht der eines achtbaren Handwerkers, ist aber nicht einmalig - Scherben ähnlicher Arbeiten wurden bereits bei Grabungen gefunden. Die Originalität des Künstlers zeigt sich auch auf dem Ausgußschnabel, der gefleckt dekoriert und auf dem Hals mit einem grätenartigem Dekor geschmückt ist. Wäre diese schöne Kanne bei Grabungen gefunden worden, hätte man sicher ihre Echtheit in Frage gestellt!

Der Vergleich des Materials mit nordchinesischen Cizhou-Bruchstücken läßt annehmen, daß diese Fabrikate aus dem Süden, wahrscheinlich aus dem Fujian kommen. Um dem ornamentalen Geschmack zu entsprechen, wurden die Motive der Qingbai kopiert und in Braun unter durchsichtiger Glasur gemalt. Diese Keramiken entsprechen in der Tat dem Geschmack einer für Linienspiel und Farben dieser Kreationen empfänglichen Kundschaft. Es gab also im 12. Jahrhundert in den Gegenden südlich des Yangzi eine bedeutende künstlerische Erneuerungswelle auf der Grundlage von bildlichen Darstellungen auf Keramik. Durch die Signatur des Handwerkers »Yang« kennen wir sogar den Namen eines der Neuerer.

Es ist nicht erstaunlich, daß in diesem künstlerischen Klima die Töpfer neue Wege suchten. Sie probierten ein neues Oxid aus, nämlich aus Persien importiertes Kobalt, und legten es direkt auf den Porzellankörper auf. Damit verbanden sie zwei jahrtausendealte Traditionen: die der Keramik und die des Pinsels.

Ming-Porzellan: Geschmack an Dekor und Farbe

Die Yuan-Dynastie der Mongolen (1279–1368) stellt einen Wendepunkt in der Geschichte der chinesischen Keramik dar: Sie führte die Verwendung von Kobaltblau unter der Glasur ein. Zwar war das Kobalt, ein Oxid, bereits in der Tang-Dynastie bekannt, doch die Versuche dieser Epoche haben sich nicht durchgesetzt. Erst in der zweiten Hälfte des 14. Jahrhunderts wurde das Kobalt populär.

Auch formale Neuerungen kamen in der Yuan-Zeit auf. Unter den Mongolen ließen sich zahlreiche persische und arabische Kaufleute in den südchinesischen Hafenstädten nieder und einige Mohammedaner hatten sogar öffentliche Stellungen inne. Da diese Zuwanderer im täglichen Leben keine Schälchen und Schalen benutzten, versuchten sie an Ort und Stelle große Teller zu bekommen. Diese entsprachen mehr ihrer Tradition und waren leicht in ihre Heimatländer mitzunehmen. Vermutlich waren es auch die Araber und Perser, die die Verwendung von Kobaltoxid populär machten - waren sie doch aus ihrer Heimat an farbige Dekore gewöhnt. So begannen die Porzellanmaler einen neuen, prächtigen und dekorativen Stil, der in starkem Gegensatz zur Strenge der Sung-Zeit stand. Neben die traditionellen Themen traten nun dichte florale und geometrisch geordnete Muster. Damit genau für den Geschmack des Vorderen Orients produziert werden konnte, brachten Händler den Handwerkern Vorlagen von dort mit. Es ist bezeichnend, daß die großen Teller bei Ausgrabungen in China fast nie gefunden wurden. Die chinesische Elite, die sich unter dem ausländischen Joch ihrer Traditionen besann, fand diese Produkte ordinär. Die Mongolen aber wollten Gewinne im Außenhandel machen und förderten deshalb die Herstellung von Keramiken für den Export.

In Jingdezhen gab es während der Yuan-Zeit fast dreihundert private Töpferwerkstätten. Neuere Grabungen belegen, daß die Öfen in Hutian große Porzellane für den Export in den Mittleren Osten herstellten, die Öfen von Luomaqiao kleine Stücke mit weniger raffiniertem Dekor für Südostasien und die Öfen von Zhushan ausschließlich für den kaiserlichen Gebrauch bestimmte Porzellane.[29]

1369 ließ sich in Jingdezhen auch die kaiserliche Manufaktur Ming nieder. Sie produzierte bis 1608. Die Stätten der kaiserlichen Öfen liegen in einem Umkreis von 2,5 Kilometern rund um Zhushan. Die privaten Öfen, die rein kommerziell arbeitete, verteilten sich auf die ganze Stadt und die Vororte.

»Tag und Nacht steigt der Rauch empor;
Wer kümmert sich um mich,
allein im Bingli-Pavillon von Zhaotiange«

schrieb der Gelehrte Zhu anläßlich seiner Ernennung zum Brennofen-Superintendenten zur Zeit der Chenghua-Herrschaft. Diese Zeilen beschreiben die geschäftige Atmosphäre rund um die Öfen. Die Manufaktur erhielt kaiserliche Aufträge über Tausende von Stücken, und es kam vor, wenn die kaiserlichen Manufakturen die geforderten Mengen nicht liefern konnten, daß die Privatwerkstätten für den Hof eine Abgabe leisten mußten. So mußte im Jahr 1436 eine Werkstatt in Familienbesitz 50 000 Stücke liefern. Die Menge gibt uns eine Vorstellung von der Größe und Bedeutung der Unternehmen. Die extravaganten Höfe der Kaiser Jiajing und Wanli bedienten sich regelmäßig der privaten Produktion, die manchmal sogar die gleichen Arbeiter beschäftigte wie die kaiserlichen Manufakturen. Die besten Handwerker waren in der Tat verpflichtet, in den staatlichen Werkstätten zehn Tage im Monat, wenn sie in der Hauptstadt wohnten, andernfalls alle drei Jahre drei Monate lang Dienst zu tun. Diese Gesetze wurden ab 1485 gelockert und von einem System abgelöst, bei dem der Handwerker sich durch Bezahlung einer Steuer vom Frondienst befreien konnte. Auf diese Weise kamen die Handwerker allmählich aus der direkten Abhängigkeit frei. Wie aus den Annalen der Ming hervorgeht, existierten im Jahr 1420 schon 56 kaiserliche Keramikmanufakturen. Unter der Zhengde-Herrschaft sollten es gar 99 werden. Die Kontrolle über diese Öfen wurde meistens von Eunuchen-Beamten wahrgenommen, deren Geldgier oft zu Streiks und Aufständen führte.

Tausende von Menschen waren in der Porzellanproduktion beschäftigt. Straffe Organisation und die Spezialisierung im Arbeitsablauf regelten alle Stufen der Herstellung. Jedes Stück ging durch 72 Herstellungsstufen. Ein Töpfer, der große Stücke produzierte, stellte zehn Teile pro Tag her, während der Handwerker, der einfache Schalen drehte, hundert am Tag schaffte. Auch die Dekormaler hatten sich auf bestimmte Gebiete wie Randmalereien oder Hauptmotive spezialisiert. Unter der Wanli-Herrschaft (1573–1620) setzte schließlich eine regelrechte Fließbandarbeit mit anonymen Arbeitskräften ein.

Die Kunst ging während dieser Zeit zwei Wege: einerseits den konservativen der kaiserlichen Manufakturen, andererseits den der privaten Ateliers, die sich durch die freiere Ausdrucksweise auszeichneten. Über diese bieten uns die Dschunken Lena, San Isidro und Royal Captain einen Überblick.

Die Lena-Dschunke, Zeugnis klassischen Stils

Die Keramiken der erst kürzlich geborgenen Ladung der Lena-Dschunke waren noch nicht Gegenstand einer umfassenden Untersuchung. Dennoch zeigt der Vergleich des für diese Ausstellung hergerichteten Materials mit den berühmten Sammlungen des Topkapi Serail[30] in Istanbul und des Ardebil-Schreins[31] im Iran, mit den Teilen der Ausgrabungen aus Jingdezhen[32] und mit einem Gefäß der Percival David Foundation of Chinese Art[33] in London, daß die vorliegenden Motive durch die Produktionen der Chenghua- (1465–1487) und der Hongzhi-Zeit (1488–1505) beeinflußt sind. Folglich kann diese Dschunke auf die Hongzhi-Zeit datiert werden.

Das Frachtgut setzt sich hauptsächlich aus großen »Blau-Weiß«-und Seladon-Platten zusammen. Sie können der »Mittel-Orient«-Produktion von Jingdezhen und von Longquan zugesprochen werden. Kannen, Dosen, Schreibzeuge und die Vase bestärken diese Ansicht. Dennoch, diese Dschunke ist in der Nähe der philippinischen Küste gesunken! Eine aufmerksame Prüfung der Publikationen über Grabungen auf den Philippinen, über die dort vorhandenen Sammlungen und über Ausstellungen, die im ostasiatischen Raum gezeigt wurden, ergibt, daß diese Stücke entgegen dem Anschein doch für die Philippinen bestimmt waren. Zwar haben nur wenig vergleichbare Stücke die vergangenen Jahrhunderte überlebt. Eines aber wurde erstaunlicherweise in einem chinesischen Grab der Provinz Jilin in Nordchina[34] gefunden. Das weist darauf hin, daß nicht die gesamte Produktion dieses Stils in den Mittleren Osten exportiert wurde.

Die »Blau-und Weiß«-Porzellane, Qinghua Bildmotive der Lena-Ladung

In der zweiten Hälfte des 15. Jahrhunderts, nach der unruhigen Zeit des sogenannten »Interregnums« (1435–1465), hatten die Öfen von Jingdezhen ihre Tätigkeit wieder aufgenommen. Zu dieser Zeit wurde Kobalt aus dem Iran importiert und auch an Ort und Stelle in der Gegend von Potang am Jiangxi gefunden. Dieses Kobalt konnte leicht gemischt werden und sanftere Farbtöne erzeugen. Die Treue zur klassischen Überlieferung der Xuande-Herrschaft zeigt sich in der Vielfalt der Motive. Das Thema der Sagentiere, die auf den Meereswellen reiten, wird, wie auf den Xuande-Vorlagen, mit kraftvollem Auftrag dargestellt. Das durch seine Dynamik bemerkenswerteste Stück aus der Lena-Dschunke ist eine große Platte mit einem fliegenden Elefanten, der sich von einem Hintergrund bewegter Wellen abhebt (Seiten 86-87). Die Bewegung des Tieres, das schwungvoll emporgetragen wird, ist faszinierend ausgeführt, ebenso der Gegensatz zwischen dem Dunkelblau des Tieres und dem Hellblau der Wellen. Ein Rankenornament aus Lotus, sehr regelmäßig in einem intensiven Ton auf die innere Wandfläche gemalt, schließt die Komposition ab. Pferde in fliegendem Galopp springen aus der Mitte der Wolken und über den Wogen. Bei dem Motiv der Seemuschel, aus der eine kleine Gestalt mit langen Ohren steigt, könnte es sich um den »ershu« handeln, eine Sagengestalt aus dem tibetanischen Buddhismus, die gegen Gift immun machen sollte (Seite 89, rechts oben).[35]

Weitere Motive sind Löwen, die den Thron Buddhas bewachen. Auf dem Porzellan sind sie zu zahmen Katzen geworden, die mit einem Brokatball spielen (Seite 96). Auch der doppelte »Vajra«, ein Lichterkreuz als Sinnbild der heiligen Kraft, die Rankenornamente aus Lotus und die Anrufungen in tibetanischen Schriftzeichen sind religiöse Darstellungen.

Die geläufigsten Symbole Chinas aber bleiben Drache und Phönix (Seiten 94-95). Beide gehören seit der Antike zur kaiserlichen Macht: der Drache als Symbol des fruchtbarkeitsspendenden Regens und der Phönix als Vogel des Südens und Träger der Sonne.

Eines der feinsten Dekore aus der Lena-Ladung nimmt ein im 14. Jahrhundert oft verwendetes Motiv wieder auf. Es beschreibt die Welt der Lotusblumen, zwischen denen Enten und Fische schwimmen. Die aufgerichteten Stengel unterstreichen mit ihrer sanften Linie die Form der Schalen und Platten (Seite 97). Konturen und Details sind mit minutiös abgestuften Pinselstrichen ausgearbeitet. Ein sehr spezielles Dekor kontrastiert die ausgesparten Lotusblüten und den wolkenblauen Hintergrund der Wellen im Teich. Die kleine Kanne in der Form eines Mandarin-Entenpaares ist ein Symbol der ehelichen Treue (Seite 81).

Feinheit und Sorgfalt zeigen sich ebenso in den konventionellen Dekoren. Große Schalen sind vollständig mit ausladenden Rankenornamenten oder blühenden Pfingstrosenzweigen verziert (Seite 83). Zweige legen ihre Blätter und Früchte rund um ein Mittelmedaillon mit kleeblattförmigem Rand. Eine dichte Dekoration umkleidet die Hülle einer rundbauchigen Kanne: Blumen in Rankenform oder in Zwei-und-zwei-Gruppierung auf den Wänden, aufgelegte Füllungen und Blätter (Seite 80). Nach dem gleichen Geschmack sind die Dekore der Dosen und Schreibzeuge ausgeführt (Seite 79). Eine einfarbig blaue Kanne mit gebogenem Ausgußschnabel trägt ein Medaillon erhaben in Tränenform (Seiten 94-95). Ein klassisches Lotusornament ist flott auf den Bauch einer anderen Kanne, eines Kendi gemalt, während um die Auskragung Lambrequins liegen (Seite 90). Desgleichen ähnelt das Dekantierfläschchen mit rundem Bauch und Sanduhrhals einem Stück, das in Istanbul aufbewahrt wird (Seite 91). Eine durchlöcherte Scheibe in seiner Öffnung dürfte als Filter gedient haben, während die Verengung des Halses das Material im Inneren hielt. Die Grundfläche bestimmter Platten ist eigenartigerweise in schnellen Pinselstrichen mit einem Löwen oder Phönix, der die Flügel ausbreitet, bemalt (Seite 89).[36] Zwar tritt kein Bruch mit der Vergangenheit ein, trotzdem sind neue Stilrichtungen zu erkennen, etwa mit der Wiederverwendung des Hirschdekors, das bereits in der Sung-Zeit zu sehen ist. Dieses Tier kann fröhlich in ländlicher Umgebung im Schatten einer Kiefer spazierend dargestellt werden, durch Wolken springend oder von Blattranken umgeben mit einer Lotusblüte im Maul (Seiten 92-93). Die beiden letztgenannten Darstellungen sind verwandt mit buddhistischen glücksbringenden Tieren, während der springende Hirsch im Wald als Symbol für Reichtum und langes Leben betrachtet wird.

Die Seladone

Auch Seladone befinden sich unter dem Frachtgut der Lena-Dschunke. Dieses Steinzeug mit grüner Glasur wurde in der Gegend von Longquan in Sung-Technik hergestellt, ist aber nicht mehr so schlicht wie die Keramik jener Epoche. Es zeichnet sich durch voluminöse Formen aus, wie sie seit der Yuan-Dynastie für den Mittleren Osten und die Sultanate Südostasiens entwickelt wurden. Diese Keramiken waren dort nicht nur aus ästhetischen Gründen begehrt, sondern man sprach ihnen auch Zauberkräfte zu. In seinem »Journal d'Istanbul« schrieb Antoine Galland 1673: »Ich sah ein Gefäß aus einem bestimmten grünen Ton, das sie ziemlich teuer kauften, wegen seiner Eigenschaft, bei der Berührung mit Gift zu zerspringen ....«. Ähnliche Vorstellungen herrschten auch auf dem indonesischen und philippinischen Archipel.
Die Stücke weisen Eleganz in der Linienführung und Harmonie der Proportionen im Sinne der vorhergehenden Dynastien auf. Eine Schale mit ausladenden Wänden sowie eine ausgebuchtete Schale mit einem leichten Motiv aus gravierten Wellen entsprechen einer Tradition, in der das Dekor zugunsten der Form zurückhaltend ist (Seite 99). Aber nicht nur die Überlieferung, auch die Kontakte zu der Nachbarprovinz Jiangxi und zum Zentrum von Jingdezhen sind an den großen Tellern zu erkennen. Die unter den Yuan ausgeführten Reliefdekors werden ausdrucksloser und lediglich von Blumenmotiven oder einem Gitternetz im Mittelmedaillon bestimmt. Die Ausführung der Blatt- oder Blumenornamente ist flüssig wie bei den Arbeiten aus Jingdezhen, aber die Gravierarbeit ist nicht so komplex wie die Malarbeit. Der Handwerker wiederholt gern die naturalistischen »Weiß-und-Blau«-Motive mit einer gravierten Pfingstrosenblüte. Die Glasur bedeckt das Stück vollständig, mit Ausnahme eines großen, unregelmäßigen Kreises am Boden. Die transparente Glasur fließt in den Gravierschnitten zusammen und bewirkt so Schattenspiele, die die Ränder der Motive angenehm hervorheben. Manchmal ist die Glasur dicker und gibt dann dem Dekor einen leicht verschleierten Ausdruck.
Trotz der vorherrschenden Rolle von Jingdezhen haben zahlreiche Betriebe in der Gegend von Longquan jahrhundertealte Traditionen bewahrt und gleichzeitig sich den neuen Möglichkeiten des Farbenspiels zugewandt.

Südlicher Reiz: die San-Isidro-Dschunke

Die Fracht der San-Isidro-Dschunke, die man auf das Ende der Zhengde-Herrschaft (1506–1521) datieren kann, enthielt hauptsächlich Gebrauchsporzellan: Schalen, Schälchen, Trinkschalen, Teller aus Porzellan und Krüge aus Steinzeug. Es handelt sich um eine provinzielle Produktion, wahrscheinlich aus Fujian. Die Stücke, deren dicker Scherben zwischen engkörnigem weißem Porzellan und einem weniger feinen Porzellan variiert, sind von guter Qualität. Sandige Verdickungen am Fuß und an der Unterseite lassen auf schnelle Fertigung schließen. Eine Besonderheit dieser Keramiken, zu denen sich vergleichbare Stücke im Anthropologischen Museum der Universität von Michigan[37] finden lassen, sind die Überzugstechniken. Die Glasur kann hellblau-milchig oder weiß aussehen, oder transparent mit grüner oder blaugrüner Farbe, ganz ähnlich wie der rissige Überzug der thailändischen Seladone. Die

Glasur ist sehr flüssig und sammelt sich auf der Rückseite der Stücke oder als glasiger Fleck am Boden der Schalen. Die Farbe des Kobalts ist von Stück zu Stück unterschiedlich und reicht von einer zart blaugrauen Tönung bis zu einem intensiven Tiefblau. Außer den Tellern besteht die Ladung vor allem aus Schalen und Schälchen mit geradem Rand. Sie sind mit pflanzlichen Motiven oder chinesischen Schriftzeichen dekoriert. Manche Stücke sind nur mit konzentrischen blauen Linien verziert oder mit einem Reifen voll Blätter, die Schälchen haben oft einen runden Brennabdruck in der Mitte. Die Schalen weisen auf den Außenwänden zahlreiche Motive auf: florale Rankenornamente, Blütenzweige, Zickzackleisten, aufstehende Blätter und Streifendekor am Rand (Seite 110). Die großen, tiefen Teller mit den abgerundeten Wänden haben einen geraden Rand und eine kleine gewölbte Randleiste. Die Teller mit kleiner gewölbter Randleiste demonstrieren eine andere Besonderheit dieser Lieferung: der unregelmäßig eingeritzte Streifen mit Kannelierungen als einziges, zwischen zwei Linien liegendes Dekor der Außenwand. Zwei im Model geformte Teller aus feinem Porzellan mit Hasenmotiv im Mittelmedaillon tragen ähnliche Gravierungen. Die Teller mit geradem Rand sind mit breiten Blumenranken verziert, die flüchtig auf die Rückseite skizziert sind. Der Vergleich der Stücke untereinander zeigt die persönliche Auslegung einer einzigen Vorlage durch verschiedene Handwerker und erlaubt die Zuordnung zu einer Werkstatt. Daß oft nur zwei, drei Stücke gleicher Machart in einer Ladung von fast dreihundert Tellern vorhanden sind, führt zu der Annahme, daß die Ware aus kleinen Familienwerkstätten mit geringer Produktionsmenge kommt.

Viele der Bildthemen stammen aus der chinesischen Hochkunst. Der gewundene Drache etwa, der mit offenem Maul aus einem Hintergrund von stilisierten Wolken aufsteigt (Seite 109, rechts unten), oder ein Phönix, der seine Flügel über einem Kiefernzweig entfaltet. Auch Löwen fügen sich mit kraftvoller Zeichnung harmonisch in Rundmedaillons ein.

Daneben werden auch Naturdarstellungen, wie der Vogel auf einem blühenden Zweig, verwendet (Seite 108, links unten). Viele der Darstellungen können in symbolischer Weise Wünsche ausdrücken. Ein Beispiel dafür ist der aus den Wellen springende Fisch, der sich in einen Drachen verwandelt. Dieses Motiv drückt den Wunsch nach Erfolg bei der Karriere im Staatswesen aus. Das Wort »Fisch« (»yu«) klingt genauso wie der Ausdruck für die Reichtümer, die ein Posten in einer Behörde im alten China versprach. Auch die Blumenmotive können symbolischen Wert haben. Der Lotus, Symbol der vollkommenen Reinheit, ist zudem das Sinnbild des Sommers (Seite 109). Die Pfingstrose steht für Reichtum und sozialen Erfolg und ist zudem Sinnbild des Frühlings. Aufgrund ihrer runden, vollen Form eignet sie sich besonders gut zur Stilisierung, und die Dekorateure variierten sie in vielen Formen (Seite 108, rechts unten). Dabei lassen sie sich nicht von der Beobachtung der Natur leiten, sondern gehen von illustrierten Büchern aus. Weiteres, häufiges Motiv sind Schriftzeichen: »Shou« für Langlebigkeit und »Fu« für Glück (Seiten 111, 113).

Alle diese Motive gibt es auch auf den Porzellanen aus Jingdezhen, unter den Händen der Maler in Fujian aber verändern sie sich und lösen sich zu einem freieren und abstrakteren Dekor auf. Der Liebhaber sieht in dieser Machart nicht unbedingt eine ungeschickte Ausführung, sondern eher den spontanen Ausdruck der künstlerischen Atmosphäre in der Region.

Von dieser einfachen Kunst mit ihrer naiven Darstellung der Felsen, des Lotus und des schnell skizzierten Löwen geht ein regionaler Charme aus. Man meint fast eine gewisse Lebenskunst darin wahrzunehmen, und eine Freiheit des Künstlers, die sich um die vorgeschriebenen Formen wenig kümmert. All das

ist bezeichnend für die Lebendigkeit und Kraft der Provinz Fujian.
Einige Teller der San-Isidro-Ladung erinnern mit ihren gefransten oder in Spiralen stilisierten Pfingstrosen an eine Produktion, die nach dem Namen des Ausfuhrhafens »Swatow« genannt wird. Es sind Keramiken mit schwerem Körper; die meisten tragen das gleiche Motiv, verschiedene Varianten des Lotus, der aus einem Strauß von Wasserblumen aufsteigt. Im Vergleich mit Arbeiten aus der Topkapi-Sammlung können diese Arbeiten auf Anfang des 16. Jahrhunderts datiert werden.
Außer aufgrund des Zusammenhangs in der Ladung hätte man vieles, was in der San-Isidro-Dschunke gefunden wurde, niemals auf die gleiche Zeit datiert. Die gleichzeitig auf einer Dschunke vertretenen Stilrichtungen legen die Vermutung nahe, daß wir uns am Übergang vom Ende eines Stils zum Beginn eines anderen befinden. Über die Gründe für den Stilwechsel können wir nur spekulieren. Hatten die Handwerker keine Lust mehr, den Jingdezhen-Stil dauernd zu wiederholen, oder hat er der Kundschaft nicht mehr gefallen? Vielleicht aber paßte die spontane Ausführung der Dekore auch zu der immer schnelleren Herstellung.

Die Ladung der Royal-Captain-Dschunke

Viel durchmischter als die Ladung der San-Isidro-Dschunke ist die kleinere Ladung der Royal-Captain-Dschunke. Sie kann auf die Wanli-Zeit (1573–1620) datiert werden[38].
Zu dieser Zeit wird mehr Porzellan hergestellt, und es findet in China und im Ausland allgemein Verwendung. Besonders fand es Eingang an den fürstlichen und päpstlichen Höfen Europas. So wissen wir, daß der Portugiese Frei Bartolomeu dos Martires im Jahr 1563 Papst Pius IV. die Verwendung von China-Porzellan anstelle des kostspieligen Silbergeschirrs empfahl: »Wir haben in Portugal eine Art Geschirr, das – ganz aus Ton – nicht weniger schön und sauber ist als das Silbergeschirr. (...) Wir nennen es ›Porzellan‹; es kommt aus Indien, wird aber in China hergestellt. Das ist ein so feiner und transparenter Ton, daß die weißen Porzellane noch schöner als Kristall oder Alabaster sind; die blauen sind eine Freude für das Auge.« Prompt kam wenige Tage später eine Ladung unterschiedlicher Porzellane an.[39] Der Jesuitenpater Matteo Ricci (1552–1610) berichtet in jenen Jahren über China: »Die gewöhnlichen Leute verwenden Behälter aus Ton oder porsolana, wie die Portugiesen es nennen, es gibt auf der Welt nichts Leichteres und Feineres«.
Zu dieser Zeit war das islamische Kobaltblau selten geworden und durch Kobalt guter Qualität aus Zhejiang ersetzt worden. Die Verknappung an Rohstoff in der Nähe von Jingdezhen zwang dazu, den Ton für das kaiserliche Geschirr aus Wumen kommen zu lassen, das doppelt so weit von den Öfen entfernt war. Die privaten Werkstätten versorgten sich in den benachbarten Distrikten. Die Erhöhung der Preise veranlaßte die Töpfer, am Material zu sparen und ein Porzellan mit dünneren Wänden herzustellen.
Der außergewöhnliche Druck der kaiserlichen Bestellungen führte zu zahlreichen Arbeiteraufständen. 1583 forderte der kaiserliche Palast 96 000 Stücke! Es heißt, die Handwerker seien jeden Tag in den Töpfertempel beten gegangen, damit diese Bestellungen nachließen, und daß einer der Arbeiter sich aus Furcht, die geforderte Leistung nicht erbringen zu können, in die Flammen seines Brennofens stürzte. Die massenhafte Produktion für den Hof und die neuen, sich ausweitenden europäischen Märkte führten zu einer Industrialisierung der Herstellung und einer Verminderung der Qualität.
Das Ladegut der Royal-Captain-Dschunke besteht aus einfachen Gebrauchsformen, die den Bedürfnissen des philippinischen Marktes entsprachen: Teller, Schälchen, Tassen, Trinkschalen, Dosen, birnenförmige Flaschen, kleine und große Krüge. Einige Teile sind aus dickem Porzellan der »Swatow«-Art

hergestellt und mit flüchtig hingepinselten Tier- oder Blumenmotiven geschmückt. Andere bestehen aus feinem Porzellan mit lavierten Motiven.
Die birnenförmige Flasche mit dem auf drei Fächern verteiltem, übereinandergelagertem Dekor ist auf der Rundung des Bauches mit einem fliegenden Kranich verziert, der die Flügel ausbreitet und den Kopf nach unten hält. Wolken ergänzen die Komposition. Der Künstler verstand es, mit wenigen schnellen Strichen die Dynamik des Vogels darzustellen. In der gleichen Machart sind die kleinen Krüge mit Blumendekor oder Sternmotiv um den Hals gearbeitet (Seite 118). Die einfarbigen Krüge mit schwerem, von dicker Glasur überzogenem Körper sowie die weißen Schälchen (Seite 123) gehören ebenfalls zu dieser Produktion aus den Küstenregionen. Die Teile mit gezacktem Rand sind offensichtlich einem Prototyp aus Metall nachempfunden (Seite 122) Diese »Swatow«-Keramik in ihren verschiedenen Formen trägt noch den Charme einer freien, spontanen, provinziellen Ausdrucksweise.
Parallel zu dieser Küstenproduktion läuft die Herstellung eines leichten, dünnwandigen Serienporzellans. Die Formen der flachen Teller, wie die mit Phönixmotiv, sind gegossen, mit gezacktem, durch Bögen verbundenem Rand (Seite 119). Die Rückseiten sind ganz einfach mit leichten Blumenmotiven dekoriert. Das Motiv des Phönix verändert sich am Ende des 16. Jahrhunderts. Er wird nicht mehr als Symbol präsentiert, sondern als Lebewesen, das mit einer Landschaft verbunden ist. Das Fabeltier sitzt auf einem Felsen, auf einem Fuß stehend, und wendet den Kopf, um den Mond zu betrachten. Derartige Darstellungen wurden von den Porzellanmalern aus Vorlagenbüchern übernommen. Das gleiche gilt für die Darstellung des einsam unter einer Kiefer sitzenden Weisen, der sich zum Bildsujet des Literaten in Gesellschaft eines Hirschs entwickelt (Seiten 116–117).
Diese Keramiken wurden zweifelsohne in Manila von Händlern gekauft und mit kleinen Booten und Handelsdschunken an den Küsten der Philippinen und Borneos verteilt. Die dortige Kundschaft brauchte ein einfaches Geschirr für den täglichen Gebrauch. Dazu gehören auch verzierte Dosen in allen Größen, die für Betel oder Salben benutzt wurden. Die Händler brachten allerdings nicht nur chinesische Ware, sondern auch Keramiken aus den benachbarten Ländern auf die Inseln. Zu dieser Zeit entwickelte sich in der Tat an den Grenzen Chinas, in Vietnam und in Thailand eine von chinesischen Traditionen beeinflußte Industrie. Die Seehandelssperre des Kaisers Honwu förderte indirekt diese Produktionsstätten, und die Länder nutzten die neuen Möglichkeiten des innerasiatischen Handels konsequent.

Die Keramik aus Vietnam

Auch in Vietnam hat die Herstellung von Töpferware eine lange Tradition. Die ersten Glasuren erscheinen zwischen dem ersten Jahrhundert vor und dem dritten Jahrhundert nach Christus. Die Brennöfen entwickelten sich im Norden nahe der chinesischen Grenze. Von dort bezogen die Vietnamesen ihr technisches Knowhow, und auch Formen, Typen und Dekorationen waren vom Nachbarland inspiriert. Vom Ende des 14. Jahrhunderts an tauchten auch in Vietnam »Blau-und-Weiß«-Ware und Schmelzfarben auf Glasur auf.
Dennoch fanden die vietnamesischen Töpfer eine eigene Linie. Sie bevorzugten einfache, ausgeglichene und elegante Formen. Der glatte Körper der Stücke ist aus gut vorgearbeitetem, sehr feinkörnigem, kaolinreichem Ton geformt. Eine seiner Eigenschaften ist oft die »schokoladenfarbene Basis«. Das aus Nam Sach und Bat Trang im 14. Jahrhundert eingeführte Kobaltblau geht von Blaßblau bis Schwarzblau. Die Teller, die Schalen, die kleinen Dosen und die kleinen Krüge (Seite 100) haben harmonische Umrisse und Dekore. Die Blumen- oder Tiermotive sind fein gemalt in

frischer Ausdrucksweise und damit die eigenständige Variation eines bekannten Themas. Die Öfen in Bat Trang südlich von Hanoi setzten bis vor wenigen Jahren die kunsthandwerkliche Machart der »Blau-und-Weiß«-Ware, von Männern geformt und von Frauen bemalt, fort.

Die thailändische Keramik

Parallel dazu entwickelte sich auch in Thailand die Herstellung von Steinzeug, das mit Glasur überzogen ist. In Ban Chiang, dem bekanntesten Produktionsort im Nordosten, treten mit geometrischen Mustern verzierte Keramiken auf. Die Ende des 13. Jahrhunderts in Sukhothai und in Sawankhalok im Norden des Landes niedergelassenen Handwerker nehmen die chinesischen Muster auf, bearbeiten sie und entwickeln vom 14. bis zum 16. Jahrhundert eine örtliche Industrie, die gut in der thailändischen Tradition verankert ist. Besonders Sawankhalok zeichnet sich durch eine vielseitige Produktion aus. Die Seladone von hier sind aus grobem Ton geformt, oft mit feinen schwarzen Pünktchen übersät und mit einer stark verglasenden Glasur überzogen. Die Farbe reicht von Hellgrün bis Olivgrün, von transparentem bis fast undurchsichtigem Türkis (Seite 101). Eisenbraun gemalte Unterglasurmotive pflegen die heimische Tradition. In den Dekorstilen aber sind die Stücke von den chinesischen »Blau-und-Weiß«-Waren inspiriert.
Die ersten einfarbig weißen Stücke erscheinen offenbar in Sawankhalok im 15. Jahrhundert. Sie werden dort bis zum Ende des 16. Jahrhunderts produziert. Die Stücke sind von einer dicken, weißen, undurchsichtigen Glasur überzogen. Das Geheimnis dieses Überzugs beruht in einem Zusatz aus »Stein von Pferdezahn«, dessen genaue Zusammensetzung man nicht kennt. Die weißen Keramiken sind selten und erscheinen in einer begrenzten Zahl von Formen aus architektonischen Elementen, Dosen, Öllampen und kleinen Krügen. Es ist interessant anzumerken, daß weder Eisen- noch Kobaltoxid zum Repertoire der Dekorationen gehörte; auch Schmelzfarben auf der Glasur findet man in Thailand nicht.

1 Beyer, H.Otley, Outline Review of Philippine Archeology by Islands and Provinces, The Philippine Journal of Science, Vol. 7, Nos 3-4, 1947.

2 Mr. Alfredo Evangelista zählt die verschiedenen Grabungen in seinem Text »The Problem of Provenance in Manufacture of Chinese Trade Ceramics found in the Philippines«, S. 15-26, Guangdong Ceramics from Butuan and other Philippine Sites, Manila, 1989.

3 Groslier, Bernard Philippe, La céramique chinoise en Asie du sud-est: quelques points de méthode.

4 Frank Goddio, Marie-France Dupoizat, Breaker reef wreck Investigator shoal wreck (nicht veröffentlichter Grabungsbericht); Marie-France Dupoizat, The Ceramic Cargo of a Song Dynasty Junk Found in the Philippines and its Significance in the China – South East Asia Trade, Colloquies on Art & Archeology in Asia No. 17, University of London, Persival David Foundation of Chinese Art, 1995.

5 Hier wurden mehr als 1700 Öfen gefunden, cf. Rita C.Tan, Song wares found in the Philippines, International Symposium on Ancient Chinese Trade Ceramics, 1994, National Museum of History, Taipei.

6 Für eine Schale auf Silberfuß s. Wenwu, 1969, 11.

7 Ein der größten Dose gleiches Stück wurde bei William Sorsby, South-East-Asian and Early Chinese Export Ceramics, London, 1974, veröffentlicht. Zu einem Stück desselben Stils s. Marie-France Dupoizat op.cit.

8 s. Marie-France Dupoizat op.cit.

9 s. Marie-France Dupoizat, op.cit.

10 Die ersten Qingbai in archäologischem Kontext stammen aus einem Grab der Nördlichen Sung, datiert auf das Jahr 1000.

11 Wenwu 1980, No. 11.

12 He Li, Chinese Ceramics, A New Comprehensive Survey, 1996, The Asian Art Museum of San Francisco, S. 160, No. 284.

13 s. Marie-France Dupoizat, op.cit.

14 In Quanzhou wurden Porzellanscherben hinter der Küche der Gebäude des Seehandelsbüros gefunden.

15 Öfen von Qudougong, Jiachunling, Neiban, Wanpinglun, Weilin, s. Marie-France Dupoizat.

16 Wenwu 1961; 1986, 5. S. 80

17 s. Marie-France Dupoizat op.cit.

18 Diese Schalen wurden in den Öfen von Anxi (s. Marie-France Dupoizat) und im Ofen von Wanpinglun in Dehua hergestellt.

19 Eine Goldschale in Form einer Chrysantheme wird im Musée national des Arts asiatiques – Guimet in Paris aufbewahrt. Bezüglich einer Silberschale, s.Wenwu, 1961, 11.

20 Öfen von Qudougong im Südosten von Dehua, s. Marie-France Dupoizat.

21 Über ein ähnliches Stück s. S. 24, No. 68, A Ceramic Legacy of Asia Maritime Trade, South East Asian Ceramic Society, Kuala Lumpur, 1985

22 Ein gleiches Stück wird auf S. 70, No. 118, William Sorsby, South-East Asian and Early Chinese Export Ceramics, London, 1974, erwähnt.

23 s. Marie-France Dupoizat, op.cit.

24 Marie Tregear, La céramique Song, Office du Livre, 1982, S. 93, Ill. 93, Yutaka Mino, Freedom of Clay and Brush through Seven Centuries in Northern China: Tz'u-chou Type Wares, Indianapolis Museum of Art, 1980, S. 164.

25 Treasures from a Swallow Garden, Inaugural Exhibit of the Arthur M. Sackler Museum of Art and Archeology at Peking University, Cultural Relics Publishing House, 1992, S. 312, Kat. 167.

26 Rosemary E. Scott, Percival David Foundation of Chinese Art, A Guide to the Collection, SOAS, 1989, S. 36, Ill. 17.

27 A Ceramic Legacy, op.cit., S. 112, Ill. 235.

28 Eine silberne Duftlampe der Jin-Dynastie, achteckig, mit leichtem Blumendekor auf den Seiten, erinnert an dieses Dekor, sie wurde in der Krypta einer Pagode des Tempels zu Hebei gefunden. Wenwu, 1993, No.4. Für eine Vase mit Goldverkrustung und graviertem Dekor s. Regina Krahl, Chinese Ceramics from the Meiyintang Collection, Band I, S. 176, Fig. 32.

29 Ceramic Finds from Jingdezhen Kilns (10th - 17th century), The Fung Ping Shan Museum, The University of Hong Kong, 1992.

30 Regina Krahl, Chinese Ceramics in the Topkapi Saray Museum, Istanbul, Bd. II, Yuan and Ming Dynasty Porcelains, London, 1986.

31 John A.Pope, Chinese Porcelains from the Ardebil Shrine, Washington, 1956.

32 Huang Yunpeng, Zhen Li, Jingdezhen minjian quinghua ciqi (Die Jingdezhen-Porzellane aus Privatöfen), Renmin Meishu Chubanshe, 1988

33 Daisy Lion-Goldschmidt, La Porcelaine Ming, Fribourg, 1978, S. 104, Bild 83.

34 Wenwu, 1994, No. 9; 1995, No. 4; 1996, No. 11.

35 Chen Ching-kuang, Sea-creatures on Ming Imperial Porcelains, Colloquies on Art & Archeology Asia No. 16, SOAS, Percival David Foundation, 1993.

36 Stücke mit diesen Merkmalen werden in Istanbul aufbewahrt, s. Regina Krahl, op. cit.

37 Dazu auch verschiedene Artikel von Faru Kamer Aga-Oglu.

38 Frank Goddio, Evènement archéologique sur les côtes des Philippines, Dossiers Histoire et Archeologie, Février 1987, No. 113; Discovery and Archaeological Excavation of a 16th Century Trading Vessel in the Philippines, Manila, 1988; ähnliche Keramiken (Tasse) wurden an der Stelle der Drake Bay in Kalifornien, die zwischen 1579 und 1595 datierbar ist, gefunden und in dem Schiff Witte Leeuw, das 1613 unterging (Schale, Teller).

39 Sylvie Deswarte-Rosa, Le cardinal Giovanni Ricci de Montepulciano, Etudes, Band 2, Académie de France à Rome, 1991, S. 127.